Das Gewitter umarmen

Kurze Prosa von

Christoph Wirges

edition DARMSTÄDTER Textwerkstatt

Band 2

**herausgegeben
von Kurt Drawert**

axel dielmann – verlag

Kommanditgesellschaft in Frankfurt am Main

Für Clara und Philine
– und für den Botanischen Garten

5

„Nach der Pest ist vor der Renaissance"

Einige wenige verstreute oder nicht so sehr verstreute und hier kurzweilig zusammengetragene Bemerkungen zur Kurz- und Kürzestprosa des Autors Christoph Wirges, in zwei Abteilungen vorgestellt und erkennbar klug komponiert, von dem Herausgeber hiesiger Reihe höchstselbst und naturgemäß ehrenhalber dem geneigten Leser, der geneigten Leserin zur erbaulichen Lektüre wärmstens anempfohlen!

Literarische Titel, sagte weiland Adorno einmal, sollen das Ganze der Substanz in sich tragen – dies aber so, dass es noch immer ein Geheimnis bleibt und neugierig auf die Lektüre macht. „Das Gewitter umarmen" ist ein solcher gleichsam sich öffnender wie enigmatischer Titel. Natürlich eine metaphorische Stilfigur, wie sie eher für die Lyrik benutzt wird; aber, hermeneutisch gelesen, durchaus zu verstehen als die Einheit der Widersprüche – oder, wie es der Philosoph Nikolaus von Kues im Spätmittelalter so genial formulierte: Gott ist der Zusammenfall der Gegensätze. Dieser Moment, in dem uns das erscheint, was je und von Natur getrennt ist, könnte – auf dem Feld der Religion – die Erfahrung Gottes sein; ein wenig kleiner und bescheidener vielleicht, hier, auf dem der Literatur, wäre das der „absolute Text" (oder ein Schatten davon, eine Ahnung, ein Traum). Und tatsächlich spielt der Autor mit diesem Topos wie die

Romantik mit der Blauen Blume gespielt hat; dass er ihn nie wird schreiben können, hält ihn indessen nicht davon ab, sein Begehren darauf auszurichten; und so, immer das Unmögliche im Blick, entsteht, was man vorher nicht für möglich hielt: „Es begegnen sich Nähmaschine und Regenschirm auf einem Seziertisch" wie bei Lautréamont. Um zu solchen Überraschungen zu gelangen, muss man die Sprache selbst sprechen lassen, ihre interne innere Ordnung und Materialität zu einem Stilprinzip machen und den Spuren folgen, die aus Lautfolgen und Assoziationsclustern, aus semantischen Verweisungen und Verzweigungen wie von selbst entstehen. Das muss noch nicht im berühmten automatischen Schreiben der Surrealisten münden, eine dezente Herabsetzung des kollektiven Sprachbewusstseins, das unserem Denken politisch und kulturell stets vorgeschaltet ist, genügt bereits, und zwei Männer treffen sich wie auf einem Bild von Paul Klee – bizarr voreinander verneigt und den jeweils anderen in höherer Stellung vermutend. Es ist die Attitüde des Beiläufigen, Komischen, irgendwie aus dem Rahmen der Konvention Gefallenen und leicht Verrutschten, das den Charme dieser kurzen (und wahrhaft kürzest möglichen) Geschichten ausmacht, die bisweilen der Lyrik näher stehen als dem epischen Satz einer Prosa. Dennoch aber, bei aller zum Teil pointiert überdrehten Situationskomik, klafft ein Riss in der Oberfläche der Texte und lässt den Abgrund erkennen; es ist das Reale, Absurde, Unberechenbare, das nie vollkommen beherrscht und verwaltet werden kann, so sehr die Technologien der Moderne genau das für sich in Anspruch nehmen: Eine gläserne Welt zu erschaffen, effizient in ihren Abläufen und transparent in ihrer Mechanik. Subkutan unterwandern diese kleinen, um es mit einem Wort Günter Eichs zu sagen: „Maulwürfe" der Sprache die herrschende Ordnung einer gesellschaftlichen Grammatik, in der die Verhältnisse eingeschrieben sind. Das Absurde ist immer ein Angriff auf den „Zeitgeist" (oder was sich dafür hält und die Wahrheit zu besitzen glaubt), und vor allem in Diktaturen reagiert die herrschende Klasse hysterisch auf alles, was ihren politischen Konsens nicht reproduziert. Nicht ohne Grund wurden Dichter wie Daniil Charmes oder Wladimir Kazakow radikal unterdrückt; nicht, weil sie das System kritisieren, sondern weil sie es lächerlich machen und zeigen, dass es ins Nichts stürzen wird – in jenes Nichts, aus dem das Absurde sich formt. Interessant in diesem Zusammenhang ist die Beobachtung des Kulturhistorikers Gustav René Hocke, dass die Elemente des Manierismus – ihr notorischer Überschuss an Sinn und Pleonasmus der Zeichen – mit gesellschaftlichen Verhältnissen des Umbruchs, der Kriege und Krisen einhergehen und dass eine Stabilität des Logos ihren Halt verliert, sobald die sozialisierten Gewissheiten schwinden. Vielleicht meint das der schöne Satz an später Stelle: „Nach der Pest ist vor der Renaissance". Denn in diesem hier zur Poesie gebrachten Zwischenreich der Aggregatzustände und Mentalitäten, der Absurditäten und Aporien, der Bedeutungsansprüche und Bedeutungsverluste spielen diese kurzen, grellen, wie Blitze aus heiterem Himmel auf uns herabschießenden Miniaturereignisse sämtlich; und sie geben, auf dieser formalen Ebene, auch einen Hinweis auf unsere schöne, zerbrechliche Welt; denn Komik ist nicht das Gegenteil der Tragödie, sondern deren letzte Maske des Ausdrucks. – Gut also, dieses Buch und diesen Autor hier vorstellen zu dürfen, als zweiten Band in unserer Edition Darmstädter Textwerkstatt und mit einem Dank an alle, die daran mitgewirkt haben.

Kurt Drawert
Darmstadt, im Dezember 2023

TEIL I

MÄNNER
MIT NACKTEN
OBERKÖRPERN

Kürzestgeschichten

Im Keller

Zwei Männer mit nackten Oberkörpern begegnen sich im Keller. Der mit dem Getränkekasten ist im Vorteil.

Gipfelerlebnis

„Ich bin die Lücke in der Landschaft," sagte der Bergsteiger leise zu sich selbst und fühlte, wie sich von einer Sekunde auf die andere seine Daseinsberechtigung in der Höhenluft auflöste.

Männer mit nackten Oberkörpern I

Conan der Barbar, Wladimir Putin und der Heilige Sebastian begegnen sich in der Sauna.

Erleichterung

Er tut sich schwer. Er tut sich schwer mit allem. Und weil das so ist, versucht er, es sich leicht zu machen. Versucht, sich leicht zu machen. Wirft Dinge weg, reduziert seine Kontakte, geht keine Verpflichtungen ein. Nimmt jetzt alles ganz leicht, sagt er. Ich habe nichts mehr von ihm gehört.

Versäumnis

Möglich, dass ein Trauergast zum anderen sagt, während sie langsam über den hellen Kiesweg dem Ausgang des Friedhofs zustreben: „Er ist nie durchgebrannt mit sich selbst – hinunter, bis auf den eigenen Grund."

Männer mit nackten Oberkörpern II

Conan der Barbar, Wladimir Putin und der Heilige Sebastian treffen sich am Baikalsee zum Angeln.

Holzgitarre

Mag sein, dass dem aktiveren und bestimmenden der beiden kleinen Jungen das dialektische Verhältnis zwischen ihm und seinem Freund – als Unterlegenheit des dauerhaft Überlegenen – für einen Augenblick klar vor Augen stand, vielleicht stimmt aber auch, was er hinterher den auf das Geheul hin herbeigeeilten Eltern gegenüber zu Protokoll gab: Dass er die Spielzeugholzgitarre seinem Kameraden unvermittelt auf den Kopf geschlagen habe, weil er einfach nur auf dessen Reaktion gespannt gewesen sei.

Am Tresen

Zwei Freunde sitzen am Tresen und trinken Bier. Der eine trinkt Weizen, der andere Helles aus Tschechien. Der Weizentrinker trinkt aus Weizenbiergläsern, die einen halben Liter aufnehmen, der andere sein Helles aus 0,4 Litern fassenden Bechergläsern. Der Weizentrinker wiegt 95 Kilo bei einer Größe von Einsneunzig, der andere 78 Kilo bei Einsachtzig Körpergröße. Der Weizenmann wird beim fünften Weizen noch nicht betrunken, während der andere nach dem vierten Becherglas eigentlich genug hat. Das Schlimme ist, dass dies beiden um 22 Uhr 53 schlagartig bewusst wird.

Wie in alten Zeiten

Während Bertolt Brecht an einem heißen Tag im Pavillon am Ufer sitzt und ein Gedicht über einen Kahn schreibt, in dem ein Kind eine dicke Nonne und einen mutmaßlichen Priester über den Schermützelsee rudert, bereitet Helene Weigel nebenan in der Eisernen Villa ein Gericht mit Pilzen zu, die sie am Morgen gesammelt hat.

Liegendfahrt

Diese Geschichte weiterzugeben, kann der Erzähler nur dadurch vor sich rechtfertigen, dass der geneigte Leser aus ihr eine Lehre zu ziehen vermag. Der Krankentransportfahrer jedenfalls, der sie dem Erzähler mit steirischem Akzent vorgetragen hat, irgendwo zwischen Innsbruck und Ulm, verfolgte gewiss neben einer didaktischen Absicht auch das Ziel, dem liegenden Patienten die Zeit zu vertreiben. Er habe einmal einen Mann gefahren, so der Steirer, der das Fallschirmspringen mit großer Leidenschaft betrieben habe. Und obwohl seine Frau strikt dagegen gewesen sei und seine Tochter sich anfangs gewehrt habe gegen seinen Wunsch, habe diese Tochter schließlich eingewilligt, kurz nach ihrem achtzehnten Geburtstag mit ihrem Vater einen Tandemsprung zu machen. Doch als sich bei diesem Sprung der Fallschirm nicht öffnete, war es die Tochter, die unter ihrem Vater zuerst auf den Boden aufschlug. Der Mann habe Glück gehabt, so der Steirer, er sei mit einer Querschnittslähmung davongekommen. Daraufhin nahm er einen weiteren Schluck aus seiner Colaflasche.

Am Morgen

Ein Mann wachte jeden Tag seines Lebens mit der Gewissheit auf, dass er es eigentlich besser könne.

Tasmanien

Neulich habe ich A. wiedergetroffen. Er kam mir merkwürdig geschrumpft vor, wie er da auf einmal vor mir auf dem Bürgersteig stand. Nach sechs Wochen Australien habe er noch zwei Wochen Tasmanien *drangehängt*. Berichtete er. Vielleicht haben die dortigen Luftdruckverhältnisse dazu geführt, dass sich seine Gestalt ungünstig verändert hat. Er zählte eine Reihe von Beuteltierarten auf. Leider habe er den tasmanischen Beutelteufel nicht zu Gesicht bekommen. Als er zum dritten Mal den Namen Tasmanien erwähnte, wurde mir plötzlich klar, worin der Grund für seine Schrumpfung lag: A. zählt zu denjenigen, die reisen, um sich zu vergrößern.

Der Schamsammler

Einer geht täglich durch die Fußgängerzone und nimmt den sich zunehmend schamunbegabt zeigenden Passanten die Schamarbeit ab. Er hat gut zu tun – die Ausdrucksformen des Schämenswerten werden immer vielfältiger und exaltierter. Schon überlegt er, seinen Einmannbetrieb zu erweitern. Als er den ersten Kandidaten zum Vorstellungsgespräch in seine Wohnung einlässt und ihm sein Theorem vom antiproportionalen Verhältnis von Schamanlass und Schambereitschaft bei ein und derselben Person auseinandersetzt, muss er feststellen, dass sein Gegenüber ihm nicht folgen kann. Zu allem Überfluss muss er ihm auch noch die Scham für seine Begriffsstutzigkeit abnehmen. Dann schickt er ihn und die übrigen, im Treppenhaus wartenden Schamarbeitswilligen nach Hause. Ein schwieriger Beruf, seufzt er. Kinder im Grundschulalter wären wahrscheinlich geeignete Mitarbeiter, aber hierzulande ist Kinderarbeit verboten.

Freundschaft I

„Die besten Freunde sind diejenigen Feinde, die sich gegenseitig am besten durchschaut und der Einfachheit halber beschlossen haben, sich doch lieber miteinander zu verbünden." Sagt Maltig zu Körser, augenzwinkernd. Dieser braucht einen Moment, bis er das passende Lachen produzieren kann.

Der Mann, der umfällt

Als der Mann, der umfällt, zum ersten Mal umfiel, hatte er lediglich den Eindruck gehabt, die Luft hinter seinem Rücken sei endlich etwas, an das er sich anlehnen könne. Und dass die anderen, eben noch in der Vertikalen mit ihm in den Abendhimmel ragend, plötzlich 90-Grad-Winkel mit seiner Körperlinie bildeten, entsprach durchaus dem offenbar gewordenen Abweichungsgrad seiner Meinung von der von jenen im Gespräch vertretenen. Nachdem der Mann, der umfällt, ein zweites Mal umgefallen war, hatte er sich eingehenden medizinischen Untersuchungen unterzogen, die keinerlei Befund erbrachten. Einer aufmerksamen Beobachterin ist es zu verdanken, dass eines Tages die im Dunkeln liegenden Gründe für sein scheinbar unvermitteltes Umfallen erhellt wurden. Heute ist der Mann, der umfällt, ein gefragter Experte. Er nimmt an politischen Krisentreffen, Klimagipfeln und Friedensverhandlungen teil. Sobald der Mann, der umfällt, umfällt, geht ein Ruck durch die Reihen der Anwesenden, die gerade im Begriff sind, sich so weit zu entzweien, dass die Verhandlungen zu scheitern drohen.

Gesten von gestern

Maltig freut sich über einen Mann, den er an einer Straßenkreuzung, mitten im Verkehrslärm, dabei beobachtet, wie er an seinem Wollpullover einen Apfel blankreibt, bevor er herzhaft hineinbeißt. Genau genommen, ist er selbst dieser Mann. Genau genommen, ist er dazu übergegangen, Handlungen und Gesten, die er an seinen Zeitgenossen vermisst, selbst auszuführen.

Der Abrieb der Gedanken

Er hatte geglaubt, die Stimmen der Einsager für immer um sich zetern hören zu müssen. Ihre widersprüchlichen Kommandos hatten ihm den Mut genommen, in irgendeine Richtung loszulaufen. So war er epochenlang auf der Stelle getreten, um ein Einschlafen der Füße zu verhindern. Und hatte die Welt um sich herum angeschaut und nachgedacht. Irgendwann hatte er bemerkt, dass der Abrieb der Gedanken eine Schicht unter ihm zu bilden begann. Die wuchs sehr langsam, aber sie wuchs weiter. Allmählich wurden die Stimmen der Einsager leiser und leiser, bis er sie nur noch als ein gelegentliches Zwitschern von weit unten vernehmen konnte.

Sammler

Als der Verfasser der *Stahlgewitter*, der hochdekorierte
Kriegsheld und passionierte Entomologe nach seinem
späten Ableben vor den Richter tritt, packen ihn
dessen ungeduldige Hände und spießen ihn auf eine
Nadel. Auch *Er* ist Sammler.

Zwillingsforschung

Die heterosexuellen eineiigen männlichen Zwillinge haben im Alter von fünfzehn Jahren eingewilligt, an einem wissenschaftlichen Langzeitversuch teilzunehmen. Das interdisziplinär besetzte wissenschaftliche Team aus Psychologen, Soziologen, Neurologen und Epigenetikern hat mit den beiden vereinbart, dass Zwilling A sein Leben lang ausnahmslos mit Frauen schläft, die er für intelligenter als sich selbst hält, während sich Zwilling B nur auf Frauen konzentrieren soll, denen gegenüber er sich als der intelligentere Part fühlt. Wissenschaftliche Untersuchungen und Befragungen der beiden soll es an ihrem 30. und 50. Geburtstag geben sowie in der Stunde ihres Todes.

Männer mit nackten Oberkörpern III

Wladimir Putin weigert sich aufgrund verleumde-
rischer Zuflüsterungen aus seiner homophoben En-
tourage, weiteren Umgang mit dem Heiligen Sebastian zu pflegen. Conan der Barbar weiß nicht, wie er
sich in dieser Angelegenheit positionieren soll.

Sargträger

Meine Großmutter, erzählt F., hat mir einmal aus einem Notizheft vorgelesen, welche sechs Männer aus ihrem Heimatdorf sie für ihr Begräbnis als Sargträger ausgewählt habe. Da war sie knapp achtzig. Zwanzig Jahre später hat sie mir an den Fingern abgezählt, in welcher Reihenfolge die sechs Männer gestorben sind. Sie sann jedem Namen und jedem Todesjahr einen Moment lang nach, mit einem Ausdruck, in dem sich Verwunderung und Genugtuung die Waage hielten.

Schwammtuch und Messer

Ein Mann stolperte beim Abspülen des Geschirrs, genauer, in dem Moment, in dem er das schwere japanische Gemüsemesser in der Hand hielt, über einen Gedanken, welcher scheinbar unvermittelt in vollendeter Formulierung auftrat: *Was du den anderen von dir anbietest, ist eine sorgfältig edierte Fassung!* Der Inhalt dieses Gedankens war ihm gar nicht unvertraut. Natürlich war es jedem geläufig, dass man sich anderen Menschen nur in gemäßigten Versionen zumutet. Aber die unverfroren glatt klingende Umschreibung der Tatsache, dass er gleichzeitig *viel negativer* und zugleich *ungleich positiver* war, als es andere wissen konnten, erschien ihm mit einem Mal als ein unerhörter Skandal, als eine derart ungeheure Verschwendung, dass es ihn – noch mit Schwammtuch und Messer in der Hand – aus dem Haus trieb, um dem ersten ihm begegnenden Menschen diese Erkenntnis mitzuteilen.

Männer mit nackten Oberkörpern IV

Conan der Barbar, Wladimir Putin und der Heilige Sebastian treffen sich vor dem Himmelstor. Der sanftmütige Heilige ist damit einverstanden, den beiden anderen jeweils einen seiner Pfeile in den Leib zu rammen, um ihre Bewerbungschancen zu verbessern.

Ruhender Verkehr

Das silbergraue Fahrzeug stand im absoluten Halteverbot und hinter der Windschutzscheibe fand sich keinerlei Aus- oder Hinweis, der sein Abgestelltsein an dieser Stelle gerechtfertigt hätte. M., ein pickliger, pflichtbewusster junger Mann, der die polizistenähnliche Uniform des Ordnungsamts nicht ohne Stolz mit seinem muskulösen Oberkörper ausfüllte, umkreiste den Van mit amtlicher Miene, betrachtete dann mit gerunzelter Stirn die blindverglasten Seitenscheiben, las den Firmennamen *Pietät Meyer & Köpf*, blieb neben der Beifahrertür stehen, zog seine Digitalkamera hervor – wandte sich aber abrupt ab und verschwand schnellen Schrittes um die nächste Straßenecke.

Ende eines Gespräches

Mein Gegenüber, ein dünner, früh enthaarter Intellektueller, der während des gesamten Gesprächs seine vibrierende Nervosität, die zu seinen schnellen thematischen Vorstößen und Volten in einem stimmigen Verhältnis steht, auch darin zum Ausdruck bringt, dass er sich immer wieder mit der rechten Hand kurz die Nasenspitze knetet oder blitzschnell den Zeigefinger ins rechte Ohr steckt und dort eine rasche Drehung vollführen lässt, steht plötzlich auf und schiebt seinen Stuhl zurück. Offensichtlich will er aufbrechen, was mir wohl entgangen ist, vielleicht bin ich seinen letzten Sätzen nicht mit der nötigen Aufmerksamkeit gefolgt. Also erhebe ich mich ebenfalls – und da macht er auch schon einen Schritt auf mich zu und streckt mir zum Abschied die Hand entgegen.

Die Verlobung der Susanne F.

Die Nachricht von der bevorstehenden Verlobung der Susanne F. erfüllte ihn mit großer Freude – und auch Erleichterung. Wie ihm plötzlich bewusst wurde, hatte er ihr gegenüber schon lange ein schlechtes Gewissen, da er die sympathische Kollegin, mit der er seit drei Jahren im selben Büro arbeitete, nie begehrenswert gefunden hatte.

Großeinkauf

Draußen vor dem Mediamarkt blendete ihn das grelle Sonnenlicht und beinahe wäre er auf das Etwas getreten. Er wich dem schmutzigen rosafarbenen Ding mit einem kleinen Ausfallschritt aus und dachte ein Wort, das er lange nicht gedacht hatte: „Embryo!" Das Wesen war etwa acht Zentimeter lang und halb so breit, daumendick lag es auf dem schwarzen Asphalt in der Mittagshitze. Kein Baum in der Nähe, keine Hecke, kein Strauch. Es konnte nur vom Himmel gefallen sein – vielleicht aus dem Schnabel einer Krähe. Was aus dem Wesen in diesem frühen Stadium der Entwicklung hätte werden sollen, war nicht ersichtlich. Der nackte Kopf zeigte große bläuliche Augenwölbungen, die noch geschlossen waren. Im Weitergehen malte er sich unwillkürlich aus, wie der Reifen eines ausparkenden Autos das tote Wesen in den aufweichenden Asphalt pressen würde, doch erst als er die roten Plastiktüten im Auto verstaut hatte und einsteigen wollte, überfiel es ihn. Er stand da neben seinem Toyota – aus dem Wagen strömte es ihm heiß entgegen.

Der Mann mit dem Ei

Die meisten kennen den Mann, der seit geraumer Zeit ein Ei in der linken Hand mit sich herumträgt. Man sieht ihn in der Straßenbahn, versonnen schaut er aus dem Fenster, mit der rechten Hand umschließt er die Tragegriffe einer Einkaufstasche, in der linken hält er das Ei, ein gewöhnlich aussehendes braunes Hühnerei. Oder er durchquert den Stadtpark. Ein Hut würde ihm sicher gut stehen, so wie er mit guten Schuhen seine Schritte formuliert, gerade im richtigen Rhythmus, in der Rechten schwingt ein langer dunkler Schirm, den er wie einen Spazierstock einsetzt, und in der linken Hand kann man das Ei erkennen, aber nur wenn man darauf achtet. So selbstverständlich gehört es schon zu ihm. Wir rätseln, ob es sich um ein rohes oder ein gekochtes Ei handelt. Die Fraktion, die aufgrund des sicheren Auftretens des Mannes das Ei für ein gekochtes hält, ist ungleich größer als die der „Rohes-Ei-Anhänger", welche sich für die erlesenere und ihre Weltsicht für die delikatere erachtet. Auffällig aber ist, dass es keine Parteigänger einer dritten Möglichkeit gibt, derjenigen, dass es sich um ein Vier-Minuten-Ei, also ein weichgekochtes handelt.

Auslaufmodell

Die meisten unseres Geschlechts laufen nicht zu rasch aus, sondern lecken so vor sich hin. An den Verbindungsgliedern eine geringfügig schadhafte Stelle, ein Haarriss irgendwo in der Schädelbasis – jedenfalls verliert man an Flüssigkeit. Manchen fehlen pro Monat drei Zentiliter, den meisten nur einige Milliliter. Wie gesagt, katastrophisches Lecken, einem raschen Untergang entgegen, kommt eher selten vor. Einmal sah ich aber so einem zu, wie er, an einer Ampel wartend, unversehens auslief, das Leck befand sich irgendwo zwischen den Schulterblättern. Gerade noch hoch aufgerichtet und mit festem Blick auf die andere Straßenseite, in eine glänzende Zukunft – sank er im nächsten Augenblick in die Lache hinab, die sich unter ihm bildete.

Konstellation

Am Ende der Feier sitzen nur noch zwei Männer am Tisch – der Rechthaber und der Unberechtigte, der sich für alles und jedes rechtfertigt und sich ständig entschuldigt. So richtig in Schwung kommt das Gespräch nicht.

Zeitfalte

Jahrelang hatte einer davon geträumt, einmal Unterschlupf zu finden in einer *Zeitfalte*. Dabei hatte er niemals konkrete Vorstellungen im Kopf gehabt, sich lediglich berauscht am Klang des Wortes. Der Eintritt in diesen besonderen temporalen Raum, der sich dann ganz unverhofft vollzog, führte über sein Herz, das als Türknauf fungierte. Das hätte er sich eigentlich denken können, aber zu lange hatte er das zentrale Organ nur als verblasste Metapher betrachtet. Das Herz verweigerte sich auf der Strecke von A nach B und beförderte ihn von der Vertikalen in die Horizontale. In der veränderten Position öffneten sich seine Sinne für das Basale: Lichtnuancen, Meteorologisches, ein Knacken des Fensterglases, die Abseilübungen der Spinnen. Nach einigen Tagen bemerkte er, wie die Wochentage fadenscheinig wurden, allmählich ihre Namen verloren, mit den Namen auch die Farben. Ins Gelb des Dienstags, ins Violett des Freitags mischte sich anfangs eine silbergraue Note, bevor die Tage alle ergrauten. Den Tagen folgten die Wochen, die ihren festgelegten Takt verloren. Unterhalb dieser menschengemachten Matrix öffnete sich eine andere Zeitdimension. Irgendwann fungierten nur noch die Bäume vor dem Fenster als Zeiger einer großen menschenfernen Uhr. Mit dem Verlust ihrer Blätter schien auch dieser Mechanismus stillzustehen.

Ein Mann blickte in einen gleichmäßig grauen Himmel und erkannte, dass er angekommen war in der Zeitfalte.

Eine kurze Geschichte

In den Tagen vor ihrem ersten Wochenende zu zweit waren dem Studenten immer wieder diese beiden lateinischen Wörter durch den Kopf gegeistert – *Hymen* und *Defloration* – und hatten seiner Vorfreude eine leichte Beklommenheit beigemischt. Die Sache selbst, am Samstagmorgen zwischen Dusche und Frühstück, war dann einfacher und weniger dramatisch abgelaufen, als er befürchtet hatte. Gegen Mittag schlenderten sie durch die Stadt, sie schien stiller als bei den drei oder vier früheren Begegnungen. Eher zufällig landeten sie in einem Plattenladen. Sie zog eine LP von Billy Joel aus dem Regal, *Rentnermusik* sagte er. Später trafen sie sich zum Kochen mit den anderen aus seiner WG, es wurde viel getrunken und der Abend ging schnell vorbei. Am Sonntag nahm sie einen frühen Zug nach Hause, weil sie noch für eine Bio-Klausur lernen musste, wie sie sagte.

Freundschaft II

Der eine Siebenjährige verlässt den Spielplatz mit düsterer Miene, der andere blickt ihm traurig hinterher, dann springt er auf und ruft mit fester Stimme:

„Du bist vielleicht nicht *mein* bester Freund, aber ich bin *dein* bester Freund!"

Spiritualität

Seit einiger Zeit habe Kasper, der sich früher immer als Existentialist bezeichnet habe, davon gesprochen, dass er mithilfe einer fernöstlichen Meditationstechnik versuche, seinen Geist ganz frei von störenden Gedanken zu machen, *ganz leer* zu werden, so Seppel. „Und?" fragt die Großmutter gespannt. Seppel nimmt noch ein Stück von Großmutters Kuchen und antwortet knapp: „Es ist ihm geglückt. Leider."

Kurier des Zarten

Der Student, der sich in den Neunzigerjahren des letzten Jahrhunderts für einige Zeit als schlecht bezahlter Kurierfahrer verdingte, glaubte sich zunächst verhört zu haben, als er von der Telefonzentrale den Auftrag erhielt, bei einer pharmazeutischen Firma in Marburg dreißig Kaninchen abzuholen und bei der Universitätsmedizin in Mainz abzuliefern. Während der gesamten Fahrt drehte sich unser Student immer wieder zu den in sechs Käfigen untergebrachten Versuchskaninchen um, die sich – weiß, braun, schwarz und gescheckt – stumm und verängstigt aneinanderpressten. Den Kummer, welchen der Student verspürte, der sich über das Schicksal der Tiere keinen Illusionen hingab, vermochte er gedanklich in keine Relation zu seinen bisher erfahrenen Kummerformen zu bringen; und er ging bald dazu über, den dreißig Passagieren mit leiser Stimme Kinderlieder vorzusingen.

Primavera oder vorzeitige Berufswahl

Von den Anekdoten über seine eigene Kindheit hörte Maltig am liebsten die Geschichte, in der er seine Eltern in große Sorge versetzt hatte, als er sich im Alter von etwa eineinhalb Jahren an einem warmen Vorfrühlingstag im Vorgarten die leuchtend gelben Krokusse schmecken ließ.

Der Schädel des Torwarts des Siegers

Die tragisch anmutende Niederlage des FC Bayern München im Championsleague-Finale 2012 gegen den FC Chelsea ist immer wieder kommentiert und diskutiert worden. Die aleatorische Formation der nach dem verlorenen Elfmeterschießen im Mittelkreis des Spielfelds wie aus einem göttlichen Würfelbecher gefallenen Münchner Spieler, in liegender, hockender oder kauernder Position, bleibt in ihrer Erhabenheit ein Sinnbild schönen Scheiterns. Unbemerkt blieb aber in allen Analysen die offensichtliche Ursache für den Sieg des spielschwächeren Londoner Teams. Der tschechische Torwart Petr Čech trug während der gesamten Spielzeit und des Elfmeterschießens einen etwa achtzig Gramm schweren, extra für ihn gefertigten schwarzen Helm aus Kunststoff. Diese Verpackung des Kopfes des Torwarts musste jeden sich dem Tor nähernden Spieler in Rot unweigerlich an die lebensgefährliche Schädelbasisfraktur des Tschechen erinnern, die dieser sechs Jahre zuvor in einem Fußballspiel bei einem Zusammenstoß erlitten hatte. Wahrscheinlich befanden sich die Schädelknochen immer noch in einem langsamen Prozess des Zusammenwachsens. Es kann nicht verwundern, dass den aufs Tor abgegebenen Schüssen die nötige Kaltblütigkeit fehlte. Einzig mein Mitspieler Thomas Müller, dem gegen Ende der regulären Spielzeit die vorübergehende 1:0-Führung für den FC Bayern glückte, hatte den

Torwart überwinden können, da er bei seinem Kopfball aus spitzem Winkel ausschließlich den Ball fixiert und den Blick auf den kunststoffbewehrten Mann vermieden hatte.

Gleichschenkliges Dreieck

Ein junger Mann betritt das Lokal und nimmt Platz an einem Tisch am Fenster. Am Nebentisch sitzt eine junge Frau. Fasziniert betrachtet der Mann die Frau. Fasziniert betrachtet die Frau den Hund der Wirtin. Der wiederum erwartungsvoll den Mann fixiert.

Ein neuer Freund

Körser findet, ihr neuer Freund Schorn sei zwar im Grunde ein sympathischer, fideler und interessanter Mensch, zeige aber auch eine unangenehme Seite, eine selbstgefällige Art, wenn er von Unternehmungen und Projekten berichte, die ihm gelungen seien. Maltig widerspricht und gibt seine Leseeindrücke Schorns wieder. Ihm zufolge sei Schorns Humor naturgemäß die Kehrseite einer abgründigen Melancholie und seine vermeintliche Selbstgefälligkeit lediglich Ausdruck einer nicht zu unterdrückenden, geradezu *kreatürlichen* Lebensfreude eines noch einmal Davongekommenen.

Stillleben

Als seiner auf dem Sofa im Sitzen eingeschlafenen Frau der Kopf auf die Brust zu sinken droht – sehr abrupt geschah das bei ihr, und er versuchte ihn immer aufzufangen, ihren schönen schweren Kopf – muss er ihn diesmal mit seiner Stirn abstützen, da er beide Hände benötigt, um das ihren ebenfalls herabsinkenden Armen entgleitende Baby aufzufangen.

Anti-Beckett

Kohler macht sich lustig über die immer zahlreicher werdenden Frauen aus seinem Bekanntenkreis, die sich zu einer Schönheitsoperation entschließen. Dann hält er kurz inne, nimmt einen Schluck aus der Flasche und meint, allerdings müsse auch er sich irgendwann die Querfalten auf der Stirn glätten lassen, die nervten ihn gewaltig, seit seiner Jugend sei er bemüht gewesen, sich das Stirnrunzeln zu verkneifen. Da runzelt sein Gegenüber die Stirn und fragt sich, ob in dieser mimischen Vermeidungsstrategie eine Ursache für Kohlers Gedankenarmut zu suchen sei.

Die Spur

Seit etwa drei Wochen weint sein linkes Auge, ohne sich darum zu scheren, ob ihm das recht ist. Morgens, schon beim Aufwachen, rinnt die erste Träne aus dem Augenwinkel auf sein Ohr zu. Es hat sich da bereits eine rötliche Tränenrinne auf der Haut gebildet. Seine Frau drängt ihn, endlich zum Arzt zu gehen. Aber etwas in ihm hält ihn zurück, wie ihm klar wird, als er mit leicht nach rechts gedrehtem Kopf vor dem Spiegel steht und sein Gesicht betrachtet – und die ganz feine rote Spur, die sich aus dem Augenwinkel über die Haut oberhalb des Jochbeins hinzieht und am Rand seiner Wange ausläuft.

Fernbeziehung

Am Wochenende gehen sie in den Wildpark. Während sie die Tiere füttert – die grauen Tarpane, eine Rückzüchtung, mit hartem Brot und Äpfeln, mit Eichenlaubwedeln das unwirklich zarte Damwild und die mit blauer Zunge zupfenden Ure –, steht er daneben und hofft, dass etwas geschieht in der triefenden Laubwalddauer. Die Laute der Tiere, das gemeinsame Schweigen, die Atemfahnen, ihre gelöste, verjüngte Art: Für Stunden füllt sich das Vakuum in seiner Brust und seine am Telefon schlitternde Zunge spürt wieder einen Grund, auf dem sich für Stunden von vorn sprechen lässt.

Biographie

Es sind zwanzig Zentimeter Schnee gefallen. Er kommt vom Schlittenfahren und hat schon den Haustürschlüssel in der Hand, aber draußen ist es noch zu schön. Das Elternhaus steht ganz für sich, ringsum eine weite, strahlend unberührte Schneefläche im Nachmittagslicht. Er stellt sich mitten hinein in dieses Weiß und beginnt ein Spiel. Wie weit darf man den Schlüsselbund über die Schultern werfen, so dass es nicht zu einfach ist, ihn im hohen Schnee wiederzufinden? Seine ersten Würfe sind noch gehemmt; wenn er sich umdreht und losgeht, hat er nach wenigen Schritten das Einfallsloch in der Schneedecke ausgemacht. Er muss mutiger werden.

Als seine Mutter eine halbe Stunde später mit den kleinen Geschwistern eintrifft, fällt es ihm schwer, seine Begeisterung zu verbergen und stattdessen den Zerknirschten zu mimen. Er erfindet eine läppische Ausrede. Monate später findet sich der Schlüsselbund im blassen Vorfrühlingsgras.

Was wäre aus ihm geworden, wenn er einfach mit dem Schlüssel die Haustüre aufgesperrt und mit den Hausaufgaben begonnen hätte?

Spontan sterbender Vater

Im Café Sperl hat am Nebentisch eine Touristenfamilie Platz genommen, zwei Töchter und die Eltern. Die Mutter und die Töchter bestellen große Tortenstücke und verständigen sich laut und begeistert in englischer Sprache miteinander, während der Vater so aussieht, als stürbe er in den nächsten Minuten. Er legt seinen Kopf in die aufgestützten Hände, hinter den Brillengläsern verlieren zwei kleine Augen zusehends ihre Farbe, der Rest ist bekannt. Einzig die Tatsache, dass die weibliche Mehrheit der Familie den Tod des Vaters nicht anerkennen würde, hindert ihn daran, sein Dahinscheiden zu vollenden.

Aufsehen

Einer fühlt sich nicht mehr angeschaut beim Durchqueren des öffentlichen Raums. Fast alle, die ihm entgegenkommen auf Straßen, auf Plätzen und Gehwegen, schielen auf ihre Mobiltelefone oder laufen blicklos redend an ihm vorbei. Da er aber existentiell auf die Blicke anderer Menschen angewiesen ist, beschließt er etwas zu unternehmen. Statt wie bisher den Passanten vorausschauend auszuweichen, steuert er von einem Tag auf den andern einen konsequenten Konfrontationskurs. Die daraus resultierenden Kollisionen weiß er in unterschiedlichen Heftigkeitsgraden zu dosieren. Besonders offensiv blicklosen Zeitgenossen lässt er einen für diese durchaus erschütternden Zusammenstoß zuteilwerden, während er es bei Menschen, in deren Miene man noch einen Rest von Unbehagen über das eigene Gebaren lesen kann, mit einem beinahe sanften Oberarmstüber bewenden lässt. In allen Fällen ist ihm ein erschrecktes Aufsehen und der darauffolgende intensive Blick sicher. Viele entschuldigen sich betreten, aber es kommt auch zu Fällen aggressiver Ausbrüche. Nach einigen Wochen kulminiert ein an sich harmloser Zusammenstoß auf dem Domplatz in einer Anzeige gegen den Mann. Ein Zeuge, der ihn auf einem anderen Platz der Stadt in ähnlicher Situation beobachtet hat, sagt gegen ihn aus. Der Prozess erregt aber erst dadurch Aufsehen, dass unser Mann von sämtlichen gegen ihn erhobenen

Vorwürfen, von Erregung öffentlichen Ärgernisses bis zu vorsätzlicher Körperverletzung, freigesprochen wird. Im Gegenteil – der Richter betont anschließend das Recht eines jeden Menschen, im öffentlichen Raum von anderen gesehen und womöglich erkannt zu werden.

Herrentoilette

Ein Mann, der statistisch bereits die Mitte seines Lebens überschritten hatte, hatte immer noch nicht das ihn seit seiner frühesten Jugend bekannte Misstrauen ablegen können. Ein Misstrauen vor allem gegenüber seinem jeweiligen Gesprächspartner. Lobte derjenige etwa eine dritte Person, fasste der Mann das als Ausdruck von Kritik an *seiner* Person auf. Diese Wahrnehmung hatte ihn mit der Zeit zum Perfektionisten in beinah allen Lebensbereichen gemacht. Es gelang ihm, eine hübsche Frau für sich zu gewinnen und einen so gut bezahlten wie sicheren Posten zu ergattern. Dennoch fühlte er sich stets in Frage gestellt und skeptisch beäugt. An seinem fünfzigsten Geburtstag, der gebührend und in stimmigem Ambiente in einem weithin berühmten Lokal begangen wurde, traf er in der Herrentoilette auf einen schon stark angetrunkenen Gast. Dieser, der sonst unauffällige Ehemann einer Arbeitskollegin, hatte gerade seine Hose wieder verschlossen und fasste den Gastgeber fest am Oberarm. „Weißt du eigentlich," redete er ihn mit schwerer Zunge an, „dass dich alle da draußen für einen völligen Versager halten?"

Dem Mann gelang es, die Situation mit einem bemühten Witz zu überspielen und er schloss sich rasch in einer der Toilettenkabinen ein.

Am nächsten Morgen, einem Sonntag, wachte er auf, küsste seine verschlafene Frau ungewohnt leidenschaftlich und begann den Tag mit großer Leichtigkeit.

Der Matroschka-Disput

Körser hat auf dem Flohmarkt eine russische Puppe, eine sogenannte Matroschka, erstanden. Als Maltig zu Besuch kommt, kann dieser sich gar nicht beruhigen vor Begeisterung über das glatte kegelförmige Figürchen aus Lindenholz, das ein pausbäckiges Bauernmädchen darstellt. Immer wieder nimmt er die Matroschka auseinander und freut sich über die darin verborgenen, immer kleiner werdenden Kopien des äußeren Püppchens.

Wie schade, dass es nicht immer so weitergehen kann, meint er mit Blick auf die sieben auf dem Tisch nebeneinander aufgereihten Holzfigürchen und nimmt das kleinste, kaum drei Zentimeter hohe Püppchen behutsam in die Hand. Körser entgegnet, dass halt irgendwann immer ein Ende erreicht sei. Selbst die größten, bis zu einem Meter großen Matroschkas, die, so habe er recherchiert, aus Dutzenden Einzelfiguren bestünden, enthielten letztlich ein massives innerstes Püppchen, das von seinem Schöpfer zuallererst geschnitzt würde. Oha, erwidert daraufhin Maltig. Das sei ganz und gar nicht der Fall. Das innerste Püppchen müsse immer hohl sein. Die ineinandergesteckten Puppen stellten lediglich ein Modell des universal gültigen Umstands dar, dass es immer nur die Hüllen von etwas gebe. Ein jeder Körper in seiner scheinbaren Festigkeit, Dichte, unbezweifelbaren Präsenz sei stets nur die Hülle eines leeren Raums, in dem sich weitere, wieder nur scheinbar dichte Körper befänden etc. So bilde die russische Puppe Matroschka bis zu einem gewissen Punkt die physikalische Weltrealität ab, so Maltig. Während der Ausführungen Maltigs ist Körser aufgesprungen. Das sei gefährlicher, zersetzender Unsinn, ereifert er sich. Es gebe immer ein Zentrum, einen Kern – so wie es die alten Griechen mit ihrer Vorstellung vom Atom als unteilbarer kleinster Einheit schon sprachlich dargestellt hätten. Das Kernpüppchen sei und bleibe massiv! Auch Maltig hält es nicht mehr auf seinem Stuhl. Da hätten sie doch endlich die zentrale Ursache aller Weltprobleme dingfest gemacht, ruft er aus. Die Hüllen-Anhänger, Bezweifler aller Substantialität und Universalskeptiker, würden auf dem ganzen Erdball und in allen Menschheitsepochen verfolgt von den fanatischen Kern-Anhängern, den Eigentlichkeitsaposteln und Wahrheitsfanatikern!

Und sie gingen auseinander, ohne einander verstanden zu haben. Wie denn auf dieser Welt keiner den andern versteht.

Herbstlaub

Vor Gericht sagt der Mann aus, es sei gar nicht seine Absicht gewesen, den Mitarbeiter der Stadtreinigung zu verletzen. Dass dieser sogar infolge des Schreckens, den sein Steinwurf verursacht habe, an einem Herzinfarkt gestorben sei, tue ihm unendlich leid – er habe ihn, der aufgrund seiner Ohrenschützer und des infernalischen Lärms des Laubbläsers völlig abgeschottet gewesen und als Mensch wie abgeschaltet gewirkt habe, lediglich auf sein Herannahen auf dem Uferweg aufmerksam machen wollen. Wenn er auf sein Gestikulieren reagiert und für zwanzig Sekunden das verfluchte Gerät ausgeschaltet hätte, wäre das alles nicht passiert. Ein psychologischer Gutachter bestätigt die verheerenden Auswirkungen der in diesen Wochen omnipräsenten Laubbläser auf das Herz- und Kreislaufsystem der Stadtbewohner und nicht zuletzt auf deren psychische Verfassung. Was aber letztlich dazu führt, dass der Steinwerfer mit einer Bewährungsstrafe davonkommt, ist der lautstarke Auftritt der drei Monate alten Tochter des Angeklagten, die am Tag des Vorfalls nach langer Schreiphase endlich im Kinderwagen eingeschlafen war.

Cabrio

Es war einmal ein kleiner Mann, der fuhr eines Sonntagmorgens in seinem silbergrauen Cabrio spazieren. Die Sonne schien und er war guter Dinge. Eine Weile fuhr er still vergnügt vor sich hin, bis er ohne erkennbare Ursache zu schreien anfing. Er schrie immer lauter und heftiger, dabei ließ er auch das Lenkrad los und warf die Hände in die Luft. Da erschien neben seinem Wagen eine gute Fee in buntem Gewand und sprach begütigend auf ihn ein. Endlich erbarmte sich seine Mutter und nahm ihn auf den Arm, woraufhin der kleine Mann tatsächlich verstummte.

Gewicht

Körser hat sich jetzt doch eine Küchenwaage angeschafft. Lange hat er geglaubt, ohne ein solches Gerät auskommen zu können, vielleicht war das ein Fehler. Maltig gegenüber hat er verlauten lassen, dass er gewillt sei, etwas gegen die zunehmende Volatilität der Welt zu unternehmen. Schon der Klang dieses spontan gebildeten Ankündigungssatzes erfüllt ihn mit Befriedigung, genauso wie Maltigs verständnisloser Gesichtsausdruck. Den ganzen Nachmittag lang ist er versunken in die Vorbereitung und Tätigkeit des Wiegens. Er hat eine ganze Reihe von Dingen auf dem Esstisch ausgebreitet und in einem Schreibheft eine Tabelle angelegt: Ein Liter Milch im Tetra-Pack wiegt 1063 Gramm – das ist wenig überraschend, stärkt aber durchaus das Zutrauen in die Welt. Seine liebste Kaffeetasse bringt es auf 358 Gramm, weit mehr als er vermutet hätte. Zufrieden notiert er die Zahl. Ein weißer Stein aus den Dolomiten, den er seit Jahren als Zettelbeschwerer auf seinem Schreibtisch verwendet, ist hingegen viel leichter als vermutet. Man tut den Steinen vielleicht Unrecht, murmelt er vor sich hin, während er 338 Gramm einträgt. Dann ist sein täglich benutztes Küchenmesser an der Reihe: 21 Gramm liest er vom Display ab. Natürlich wird es mit der weiteren Abnutzung der Stahlklinge an Gewicht verlieren, denkt er, aber mit meinem Körper wird es genauso gehen. Die Charlie-Brown-Figur aus dem Bücherregal bringt es lediglich auf 14 Gramm. Ein gewichtiger Charlie Brown wäre auch absurd. Mehr als zehn Charlie Browns wiegt ein durchschnittlicher Elstar-Apfel: 152 Gramm. Ein Leichtgewicht, wie erwartet, ist sein schwarzer Lamy-Füller mit 17 Gramm. Jetzt geht es in die Fliegengewichtsklasse: Hier wartet eine echte Überraschung auf ihn: Die Streichholzschachtel mit gezähltem Inhalt von 38 Zündhölzern bringt 3 Gramm mehr auf die Waage als der bescheidene Blei-stift, dessen Bezeichnung sich also nur auf die Poten-tialität des mit diesem federleichten Gesellen an ge-wichtigem Hervorzubringendem beziehen kann: Die ganze Welt in 4 Gramm! Zum Abschluss schickt er Thomas Bernhard gegen sich selbst in den Ring: Das Suhrkamp-Taschenbuch von *Frost* (zerlesen und voller Anstreichungen) kommt auf 185 Gramm, der Band der Werkausgabe bringt es auf stattliche 459 (mit Papp-schuber). Fast ein ganzes Pfund kalt geätzter Alpen-epik! Körser schließt beglückt und auch ein bisschen erschöpft das Heft.

Wunsch

Ein Mann sitzt um elf Uhr vormittags auf einer grüngestrichenen Bank inmitten trockenen Kastanienlaubs
im Oktoberlicht, mit der rechten Hand schaukelt er
einen blauen Kinderwagen auf der Stelle, in der linken
hält er ein aufgeklapptes Taschenbuch, dem er nur ab
und zu einen Satz entnimmt, und wünscht sich, dass er
sich immer an diesen Moment erinnern können wird:
mit dem aufgeklappten Taschenbuch in der linken
Hand, mit der rechten den Kinderwagen schaukelnd,
im Oktoberlicht, inmitten trockenen Kastanienlaubs
auf der grüngestrichenen Bank um elf Uhr vormittags.

Rezeption

Als Körser hereinkam, erkannte er sofort die Musik, die den Raum erfüllte, und setzte sich schweigend auf das Sofa, neben Maltig. Nach dem Verklingen der letzten Töne verströmten die großen Lautsprecherboxen noch einige Sekunden lang ein leises Rauschen, von gelegentlichem Knistern durchsetzt. Dann war die Nadel in der Auslaufrille angekommen und übertrug einen regelmäßigen perkussiven Takt, der an den Schneebeseneinsatz eines Jazz-Schlagzeugers auf der Snare erinnerte. Die beiden Freunde schwiegen dazu einen längeren Moment, ehe Maltig sich erhob und den Plattenspieler abstellte. Es ist unglaublich, sagte Körser, auch nach so vielen Jahren entdecke ich immer wieder Neues in diesem Stück. Maltig, der in der Zimmermitte stehengeblieben war, nickte und murmelte etwas von asymptotischem Streben und Rettung, bevor er sich umdrehte, um die nächste Schallplatte auszuwählen.

Der Mann auf der Überholspur

Maltig erzählt von einem, der immer auf der Überholspur unterwegs war. Wenn man ihn traf, konnte man kaum einen Gruß anbringen, so schnell war er vorbei. Auf Empfängen und Ausstellungseröffnungen hatte man manchmal den Eindruck, ihn an verschiedenen Stellen gleichzeitig zu sehen – hier im Gespräch mit einem Künstler, da mit dem Direktor der Kunsthalle oder dort mit der Ministerin. Der Mann auf der Überholspur zog in Windeseile durch alle Metropolen, und überall, so rief er einem im Vorbeilaufen zu, wollte man nicht mehr auf ihn verzichten. Eines Tages stand er unvermittelt auf dem Gang neben Maltig – er sah erschöpft und ratlos aus, was ihm aber gut zu Gesicht stand. Aus seinen unzusammenhängend wirkenden Sätzen ging hervor, dass er die Dinge falsch eingeschätzt hatte: Weder habe er die Kugelform der Erde noch die zyklische Struktur der Zeit bedacht. Sein enormes Tempo habe dazu geführt, dass er plötzlich alle anderen vor sich gesehen habe.

Bleistift

Kein Bleistift auf dem Tisch macht ihn unruhig.
Ein Bleistift auf dem Tisch erlaubt ihm entspanntes
Dasein. Drei Bleistifte auf dem Tisch, wie jetzt gerade,
hervorgekrochen zwischen Zeitungsseiten und Buch,
bedrohen ihn.

Geschlossenes System

In den Jahren seiner Jugend hatte er sich immer ausgemalt, wie lebendig und intensiv die Zukunft als erwachsener, gereifter Mann sein werde. Als erwachsener, gereifter Mann erinnerte er sich immer daran, wie lebendig und intensiv seine Jugend gewesen war.

Shyness is nice

Es war keineswegs die Prostata, die den armen Lok-
führer aus dem wilden Westen am befreienden Was-
serlassen im Public Urinal hinderte, sondern die Anwesenheit des ihn mit den gnadenlos blauen Augen
über den Sichtschutz hinweg anblickenden *Nobody*,
der mit dem tatsächlich unter Paruresis, einer sogenannten schüchternen Blase, leidenden Mann ein
perfides Spiel spielte, um seinen Zug entwenden zu
können. Bei öffentlichen Großveranstaltungen, wie
Konzertfestivals im Grünen, kann der Harndrang
biergefüllter Männer, die neben umgestürzten Dixi-
Klos an Zäunen und Absperrgittern zu Dutzenden,
allgemein einsehbar, urinieren müssen, dazu führen,
dass sich der Paruretiker in seinen von innen mit
Zeitungspapier verkleideten Kleinwagen zurückziehen muss, mit einer abgesägten 1,5 Liter-PET-
Flasche.

Dem unbekannten Retter

Nein, er erwartet gar keinen Dank. Aber er fände es doch gerechtfertigt, wenn man die Öffentlichkeit zumindest knapp davon unterrichten würde, dass sie ihr unbekümmertes Fortbestehen Männern wie ihm verdankt.

An diesem ganz gewöhnlichen Montagmorgen, so hat er es mir am Abend erzählt, sei ihm zunächst nur die auffällig stille Windstille merkwürdig vorgekommen. Aber dann, nach der ersten Runde durch sein Viertel, sei für ihn bald ganz offensichtlich geworden, dass der Stadt, und nicht nur ihr, an diesem Tag die Katastrophe drohte. Sämtlichen Passanten, denen er zwischen 9:15 und 10:15 begegnet sei, egal ob Gerüstbauer, Lieferanten, Rentner oder Kinderwagen schiebende junge Leute, sei etwas ins Gesicht geschrieben gewesen, das in der Summe zum Ausbruch der Katastrophe habe führen müssen. Zugleich habe er erkannt, dass er, im Besitz dieses ungeheuren Wissens, als einziger in der Lage gewesen sei, den Ausbruch der Katastrophe zu verhindern. Und so sei er den ganzen Montag durch die Straßen gelaufen und habe mit seinem konzentrierten Lächeln die gefährlichen Blicke der nichtsahnenden Bürger dieser Stadt neutralisiert. Und man sehe ja, es habe funktioniert.

Metamorphose

Nachdem die Haustür ins Schloss gefallen war, breitete sich eine entsetzliche Stille aus. Nach einer Weile erhob er sich stöhnend aus dem Sessel und begann umherzuwandern. Es müsse sich dringend etwas ändern, hatte sie gesagt, während sie die Sachen für sich und das Kind zusammenpackte, um fürs Erste zu einer Freundin zu ziehen.

Der ganze Vorgang kam ihm gleichzeitig so abgeschmackt wie schlüssig vor. Er wusste, dass mit diesem „etwas" seine Person gemeint war und gab ihr im Stillen recht. Aber wie sollte er sich in seinem fünften Lebensjahrzehnt noch ändern? Während er Zimmer um Zimmer durchquerte, als müsse er kontrollieren, dass er wirklich ganz allein mit sich in diesen vertrauten Räumen war, wuchs seine Ratlosigkeit.

Zuletzt landete er im Kinderzimmer und setzte sich auf das Bettchen. *Die kleine Raupe Nimmersatt* lag noch aufgeschlagen auf dem Kopfkissen. Mechanisch blätterte er die wenigen Seiten um, dann wurde er aufmerksam.

Am nächsten Tag, einem Montag, aß er nichts als einen Apfel, am Dienstag verzehrte er zwei Birnen, am Mittwoch verspeiste er drei Pflaumen, erleichtert, dass es auch recht große Pflaumen gab. Den Donnerstag mit den vier Erdbeeren stand er nur durch, weil er sich ein Bier mehr erlaubte und an den Samstag dachte. Nach den fünf Apfelsinen am Freitag litt er unter

Sodbrennen, war aber im Übrigen stolz auf seine bisherige Woche. Dann kam der Samstag, den er genoss: Zuerst aß er das Stück Schokoladenkuchen, dann ein Eis mit Waffel, dann, mit gehörigem Abstand zum Eis, eine saure Gurke. Die Scheibe Emmentaler und die Schinkenwurst verzehrte er parallel, zum Nachtisch gab es den Lolli. Auch das Früchtebrot, die Bockwurst, das Törtchen und das Stück Melone verursachten ihm keine Bauchschmerzen.

Am Sonntag gestand er sich eine Portion Kopfsalat zu und begann noch am Abend desselben Tages damit, sich zu verpuppen. Er zog sich komplett aus, nahm noch einmal ein heißes Bad und wickelte sich sodann in alle im Haus auffindbaren Decken ein. Mitten auf dem Wohnzimmerteppich ruhte er in seinem gewaltigen Kokon und wartete.

Begegnung

Letzte Woche hatte Maltig eine bemerkenswerte Begegnung im Goethepark. Da kam ihm, kurz vor dem Ausgang zur Hindenburgstraße, ein hagerer Mann auf einem Damenrad entgegen. Der Mann war schon ziemlich alt und trug eine gelbe Regenjacke und einen gleichfarbigen Fahrradhelm, dazu einen giftgrünen Rucksack. All dies registrierte Maltig, da er auf dem nassen Herbstlaub langsam fahren musste. Genauso wie der Mann, der beim Näherkommen ein eindrucksvoll zerfurchtes Gesicht offenbarte. Erst als sie aneinander vorbeigerollt waren, fiel Maltig auf, dass der Radfahrer Clint Eastwood gewesen sein musste.

Samurai

Maltig hasst es, in einem Einkaufszentrum die Toiletten aufsuchen zu müssen und an einem Pissoir zu stehen und neben sich einen Mann wahrzunehmen, der beim Urinieren umständliche Schmatzgeräusche von sich gibt, dann ganz leicht den Kopf nach vorn neigt und entweder in das Porzellanbecken spuckt, vielleicht aber auch auf sein Geschlechtsteil, mehrfach und anscheinend voller Genuss. Maltig merkt, wie ihn ein nicht für möglich gehaltener Ekel erfüllt. Innerhalb einer Sekunde sieht er sich als attischen Hopliten dem Barbaren den Hals durchbohren oder als Samurai gleich das ganze widerwärtige Haupt abschlagen, nicht ohne sich dabei selbst zu verfluchen und nicht zum ersten Mal zu denken, dass es eine abstoßende Ungerechtigkeit darstelle, mit so unfassbar verschiedenen anderen unter ein und demselben Begriff subsumiert zu werden, nur weil man über ein ähnliches Fetzchen Fleisch Urin und Samen absondert.

Der Schuster

Heute waren wir wieder einmal beim Schuster. Der Mann ist uns ans Herz gewachsen. In seinem Laden – Geschäft und Werkstatt in einem – schmecken wir eine Cuvée aus Leder, Lösungsmitteln und dem Leid des unter Zeitdruck arbeitenden Menschen. Dazu lärmt eine Maschine in einem grünen Metallgehäuse, welche alt aussieht und deren Zweck wir nicht verstehen, was uns gefällt. Es dauert jedes Mal einige Augenblicke, ehe der Schuster, ein noch nicht alter Mann mit runden Brillengläsern, Käppi und Schürze, uns bemerkt. Dann wischt er sich mit einem Lappen die Hände ab und, eingebettet ins Dröhnen der Maschine, werfen wir uns die immergleichen Dialogfetzen zu. Bemerkenswert ist dabei der Umstand, dass der Schuster uns jedes Mal das sichere Gefühl vermittelt, uns nicht zu kennen. Erst wenn wir auf den uns zugehörigen Schuh deuten, der noch an derselben Stelle wie beim letzten Besuch auf dem Regal gleich hinter dem Tresen steht, huscht das mimische Zucken des Wiedererkennens über sein Gesicht.

Der Inhalt unserer Zurufe lässt sich leicht zusammenfassen. Der Schuster bedauert mit zerknirschter Miene, der Schuh sei leider noch nicht fertig, woraufhin wir erwidern, dass das nicht *so* schlimm sei, was er wiederum mit einer Bekräftigung der Unmöglichkeit dieser Tatsache und der Unzumutbarkeit seines Versagens für uns pariert. Dabei scheint er nur noch einen

Schritt weit entfernt von einem sehr tiefen Abgrund – und wir beeilen uns zu versichern, dass wir ohnehin beinahe täglich hier vorbeikämen.

Der Austausch zugerufener Sätze endet mit der Nennung eines Tages in der kommenden Woche, an welchem wir dann erfahrungsgemäß *nicht* erscheinen. Wir kommen immer erst einen Tag nach dem von ihm genannten Termin, was nichts daran ändert, dass sich das Ganze wiederholt. Den reparaturbedürftigen Winterschuh haben wir dem Schuster irgendwann im November anvertraut, jetzt endet bald der Februar. Aber wir sind voller Vertrauen in die Fähigkeiten des Schusters. Bei diesem Mann ist der Schuh gut aufgehoben.

Krähengeschichte

Die Krähen sehen alle aus, als ob sie Samsa hießen ... Was nämlich nicht bekannt ist: Es wird die Nacht vor dem Morgen, an dem die rabiate Zugehfrau den geschrumpften Rest des grotesken Bettwanzenkörpers entsorgt, Zeugin einer zweiten Verwandlung. Bevor Gregor Samsa sein Leben als Insekt aushauchen kann, schwingt sich der verdrängte Teil seines Ichs in Gestalt einer Rabenkrähe aufs Fensterbrett und entschwindet in die neblige Frühe eines Prager Morgens.

Am Nachmittag desselben Tages beobachtet er die Familie Samsa bei einer Straßenbahnfahrt ins Grüne. Bei einbrechender Dunkelheit sehen wir ihn neben einer üppigen Schönheit in einem Pelzmantel auf einer Parkbank.

Eine Nebelkrähe hat uns sehr viel später erzählt, dass Gregor ein langes erfülltes Leben an der Seite dieser Dame geführt hat, während von Grete überliefert wird, dass sie bald einen geizigen Bankangestellten geheiratet hat, dem sie eine ganze Reihe phantasieloser Nachkommen gebar. Eine Geige hat sie nie wieder in die Hand genommen.

Silber

Seit jener Nacht, die er auf den kalten Fliesen des
Badezimmers zugebracht hat – sich in Krämpfen win-
dend –, respektiert er die Silberfischchen und schenkt
ihnen das Leben, wann und wo immer er auf sie trifft.

Ein Läufer

Ich kannte einmal einen Mann, der lief. Der lief mit solcher Beharrlichkeit, dass sich seine Laufstrecke mit der Zeit in die Landschaft einschrieb – als großes Fragezeichen. Für ihn selbst blieb es unsichtbar, aber die Segelflieger und Ballonfahrer lasen das stetig deutlicher werdende Zeichen. Und zogen daraus ihre Konsequenzen.

Glas

Ein Mann träumte in den frühen Morgenstunden einer Novembernacht, wie er sich als Dreizehn- oder Vierzehnjähriger mit seiner Familie im Urlaub befindet. Man sitzt zwischen zwei Strandbungalows an einem Klapptisch im Sand, alle tragen Badekleidung. Außer den Eltern und Geschwistern gibt es noch eine fremde Familie, verteilt auf die üblichen Klappstühle. Die Szenerie wird beherrscht vom Gerede der Mütter, die auch eine körperliche Barriere bilden zwischen ihm und einem gleichaltrigen Mädchen mit braunen Schultern. Es blickt durch das Dickicht von Worten und Gesten konzentriert in seine Richtung, bleibt aber stumm. Die Mutter des Mädchens, eine sich sehr wichtig nehmende Frau in einem schwarzen Badeanzug, redet immer wieder auf ihn ein und versperrt ihm die Sicht. Endlich gelingt es ihm beim Hinüberreichen eines Gegenstandes, eines Wasserglases, für einen kurzen Moment die rechte Hand des Mädchens zu berühren. Unter den sich oberhalb des Tisches kreuzenden und mischenden Armen und Händen der Erwachsenen hindurch hat er sich flach über den Tisch gereckt und streicht mit seinem Zeigefinger über die Handinnenfläche und die Innenseite ihres Unterarms. Im nächsten Augenblick sind alle beim Baden im Meer, er aber von den fülligen Körpern der Mütter abgedrängt – mindestens zwanzig Meter entfernt von dem aufrecht im Wasser stehenden Mädchen im roten Badeanzug. Dann ist es Abend und in der Ferienwohnung muss er sich über die Geschenke seiner Familie freuen, denn er hat Geburtstag. Er weiß, dass die Familie des Mädchens am nächsten Tag abreisen wird, und ihn beherrscht einzig der Gedanke, wie er es anstellen soll, sie vorher noch einmal zu sehen, um ihr einen Zettel mit seiner Anschrift geben zu können.

Der Mann erwachte, es dämmerte bereits, und eine Woge heißen Bedauerns überflutete ihn. Er schloss sofort wieder die Augen, um doch noch einmal einzuschlafen, sehnsüchtig und verzweifelt wie ein Dreizehnjähriger. Einmal war es ihm gelungen, die Fortsetzung eines Traumes zu träumen, doch draußen nähert sich bereits der Glasmüllwagen der Stadtwerke.

Weide

Er sitzt auf seinem Stammplatz in der Weide, vier Meter über dem Boden, und schaut hinaus in die Landschaft. Die Feinde kommen meist über das freie Feld von der Autobahn her, eine erste Attacke hat er heroisch, auf sich allein gestellt, abwehren können, dank der überlegenen Reichweite seines Gewehrs. Aber ob er eine zweite Angriffswelle überstehen kann, ist fraglich. Höchste Zeit, dass der Freund eintrifft und seine Position einnimmt neben ihm im Baum, ihrem Baum.

Es ist schon bald drei Uhr und längst müsste er mit den Hausaufgaben fertig sein, unpünktlich ist er sonst nicht. Die Blätter der Weide zeigen schon gelbe Ränder, aber die Blattmitten sind noch sommerlich grün. Vom Wald her kommen Windstöße, er spürt das leise Schwanken des Baumes und schließt den Reißverschluss seines Anoraks. Man sieht den einzelnen Ästen an, ob sie oft beklettert werden oder nicht. Die Hauptroute in die Baumkrone kann man gut erkennen an den Astabschnitten, deren Rinde abgeschabt ist. Viertel nach drei. Noch einmal gelingt es ihm, seine Aufmerksamkeit auf das Gelände jenseits der Autobahn zu richten – ob eine Bewegung von Reitern sichtbar wird oder eine Rauchsäule, die auf ein Lager schließen lässt. Aber es bleibt alles ruhig am Rande ihres Stammesgebietes, dafür wird der Motorenlärm der Autobahn lauter. Der Wind hat die Richtung gewechselt. Halb vier.

In dem Moment, in dem die Mutter unten vor dem Haus auftaucht in ihrer bunten Schürze und ihm gegen den Wind zuruft, dass es jetzt zu kalt werde, lässt er die Waffe sinken, lässt sie ganz los, und der Stock fällt hinab, nicht auf direktem Weg, sondern in seinem Fall von Ästen und Zweigen gebremst, von ihnen seitwärts abprallend, aber schließlich doch nach unten, nach ganz unten auf den Herbstboden.

Herab

Einer hatte sich immer noch nicht daran gewöhnt, dass dieses Herab ganz unvermittelt beginnen konnte. Er musste dann alles stehen und liegen lassen und einfach nur schauen: Eine Dämpfung, Verwandlung, Weißheitsbestäubung, ein plurales Gebet in umgekehrter Richtung.

Frühstück

In einem Krankenhaus sitzen drei Patienten beim Frühstück, jeder vor seinem ausgeklappten Nachttisch. Plötzlich steht Bruckner, der 85-jährige, auf, lässt die Schlafanzughose runter und uriniert im Stehen in seine Bettflasche. Schmid, 46, sein Bettnachbar, ist erstaunt, so unmittelbar mit den hellbraunen Hoden des Greises konfrontiert zu sein, beißt aber nach kurzer Besinnung, da auch Lieprecht, 53, ungerührt seinen Kaffee weitertrinkt, in seine knusprige braune Semmel.

Leser

Im Café am Schillerplatz hat man gute Erfahrungen mit dem Einsatz von zwei Berufslesern gemacht. Der Zeitungsleser und der Buchleser sitzen schon am frühen Morgen in verschiedenen Winkeln im Gastraum und verbreiten eine Atmosphäre zeitenthobener Belebtheit und Konzentration. Auf Schüler- und Touristengruppen haben die beiden Herren, naturgemäß bebrillt und von einer beinah anachronistischen geistigen Strenge umweht, eine durchaus mäßigende, ja, zivilisierende Wirkung. Auf ihr Geheiß hin wurde am zweiten Tag ihrer Anstellung die Musikbeschallung abgestellt, was zu einer sofortigen Senkung der Gesprächslautstärke unter den Gästen geführt hat. Schon wenige Tage später sieht man an immer mehr Tischen Lesende und sogar Menschen, die schreiben. Andere Gastronomiebetriebe der Stadt haben bereits angekündigt, ebenfalls Berufsleser beschäftigen zu wollen. Das Land prüft die Möglichkeit, aus dem Etat des Innenministeriums Berufsleser zu finanzieren, die durch ihre Präsenz im öffentlichen Raum zur inneren Sicherheit beitragen sollen.

Graben

Etwa dreimal in der Woche, sofern das Wetter günstig ist, nimmt er aus der Garage Spaten, Schaufel und Spitzhacke, steigt hinab in das mehrere Meter tiefe Loch im Garten und arbeitet weiter an dessen Vertiefung. Da unten, zwischen den duftenden gelbbraunen Lehmwänden, die oben noch von Wurzeln durchzogen sind, weiter unten rötliche Feldsteine enthalten und an manchen Stellen weißliche Tonadern aufweisen, ist es beinahe still. Weder seiner Familie noch seinen Freunden gegenüber hat er verlauten lassen, wozu das Ganze gut sei. Gräbt er nach etwas oder handelt es sich um Ausschachtungsarbeiten? Seine Frau lässt ihn jedenfalls gewähren, sie behauptet sogar, das Graben ihres Mannes trage zur Vertiefung ihrer Liebe bei.

Dämmerung

Oder der, der seit Jahren davon sprach, einmal eine mitteleuropäische Dämmerung (auf dem 50. Breitengrad), am liebsten eine lange Septemberdämmerung, von Anfang bis zum Ende betrachten zu wollen, sich dafür endlich einen 23. September frei nahm und vom Spätnachmittag an im Hof saß, um schließlich gegen Mitternacht den anderen mitzuteilen, seine Augen sähen immer noch Abendlicht am Himmel, die Sonne sei immer noch zu spüren, ein ganz schwacher Hauch von Sommer auch. Und er sagte dies in einem offensichtlich vollkommen erfüllten Zustand.

Historische Skizze

Der Mann geht nur ans Telefon, wenn die Frau nicht da ist und weil die Kinder aus dem Haus sind. Früher hat er die Spielsachen der Kinder repariert. Der Mann hat immer im Garten zu tun. Er kann dort stundenlang in einem Winkel des Grundstücks mit Werkzeugen und Apparaten hantieren. Nur wenige Meter entfernt tut der Nachbar dasselbe. Manchmal kommt die Frau aus dem Haus gelaufen und nötigt ihn durch ihr beharrliches Ansprechen des Nachbarn, der dann, auf sein Gartengerät gestützt, mit schweißnasser Stirn an der Hecke steht, diesen zu bemerken und mit ihm einige Sätze zu wechseln. Über das Wetter, das Wachstum des Unkrauts und neue Gerätschaften, welche entweder grün oder orange sind.

Mittagessen

Es sind alle Tische besetzt im Gasthaus *Kreuz* in Solothurn, als wir dort zur Mittagszeit einkehren, bis auf einen. Nach einem kurzen Zögern setzt uns die Kellnerin an diesen kleinen Tisch am Rand, gleich neben dem Durchgang zur Küche. Es ist nämlich der Stammtisch von Gerhard S., dessen dampfender Teller auch schon dasteht, neben einem großen Glas Bier. Eine aufrechtstehende Klappkarte aus weißem Karton zeigt ein Bild von Gerhard und wir lesen, dass er vor vier Tagen verstorben ist. Zuerst denken wir, das Essen sei für ihn, doch nach einer Weile setzt sich die Kellnerin auf Gerhards Platz und verzehrt die Mahlzeit. Gerhard begnügt sich mit dem Bier.

Klassik

Zwar war der Mann noch nicht ganz fünfzig, aber dass es einen Tag nach Goethes Geburtstag geschah, noch dazu während einer Italienreise, dass er am Ende eines Frühstücks den Verlust eines Zahn-Inlays bemerkte, kam ihm überaus stimmig vor. Das seit mehr als zwanzig Jahren in seinem Mund befindliche Stückchen Gold musste beim Zerkleinern aromatischer Haselnüsse herausgebrochen sein und mit dem Speisebrei den Weg durch seinen Körper angetreten haben.

Ende der Saison

Anfang September waren nur noch Rentner auf dem Campingplatz am Fuße des Mont Ventoux anzutreffen. Umso erstaunter grüßte er am Morgen über sein Buch hinweg die vielleicht 35 Jahre alte Frau, die mit zwei Kindern an der Hand seinen Stellplatz passierte. Die zierliche Blondine mit Sommersprossen auf der Nase grüßte sehr freundlich und verwickelte ihn in ein kurzes Gespräch. Als sie eine Stunde später, diesmal ohne Kinder, wieder vorüberging, grüßte sie ihn mit einem Nicken, aber ihr Lächeln war deutlich zurückhaltender. Am Mittag sah er sie zum dritten Mal, diesmal schaute sie ihn geradezu finster an und er bewunderte die kleine Falte, die sich zwischen ihren Augenbrauen zeigte. Früher wäre er verwirrt gewesen.

Berggeschichte

Am ersten Abend hat er vom Fenster der Almhütte aus die von der untergehenden Sonne angestrahlten Westflanken des Dolomitenmassivs zum Greifen nah gehabt. Am zweiten Abend konnte er, während der Fahrt im Rettungswagen talwärts, in manchen Kehren noch einen Blick auf die Bergspitzen werfen. Am dritten Abend kann er vom Bett aus durch die Lamellen des Rollos vor dem Klinikfenster in der Ferne den bewaldeten Horizont erkennen. Aber es ist immer noch das Ganze, flüstert er.

Drei Liebesgeschichten

Wie fassungslos er auf der Strandpromenade stand, vielleicht dreizehn Jahre alt, seine leere rechte Hand anstarrte, die gerade noch ein duftiges Mandelhörnchen gehalten hatte, und dann zugleich mit einer Art von Begeisterung dem großen weißen Vogel nachblickte, der triumphierenden Silbermöwe, die einen weiten Bogen über den Flanierenden beschrieb, bevor sie mit ihrer Beute hinter einer Düne im strahlenden Blau verschwand. Wie fassungslos der Dreißigjährige in der Küche ihrer gemeinsamen Wohnung dem Geständnis und der Ankündigung der Frau zuhörte, mit der er die letzten sieben Jahre gelebt hatte. Wie staunend er zugleich auf den jäh sich im Raum offenbarenden Riss blickte, ähnlich wie fünfzehn Jahre später, als er sich verdoppelte. Im Krankenhausbett erlebte er die Aufspaltung seines Körpers in zwei Wesenheiten – einen niedergestreckten entkräfteten, und einen zugleich präsenten erinnerten funktionierenden Körper – zu denen zwei entsprechende Seelen gehörten. Die Neuseele, diejenige des daliegenden Körpers, war beinahe durchsichtig und ausgeliefert, aber auch an die Schwäche angepasst, und imponierte der Altseele, die vor dem Zustand der Erkrankung große Angst gehabt hätte, mit ihrer Heiterkeit.

Am Ufer

Zwei Männer in Winterjacken begegnen sich am Ufer. Der eine führt seinen Hund spazieren, der andere trägt sein Kind vor der Brust. Freundlich nickend gehen die beiden aneinander vorbei.

TEIL II

SCLERANTHUS PERENNIS
AUSDAUERNDER KNÄUEL

Prosagedichte

Mein Gedächtnis ist so gut geworden, daß ich
die vielen Erinnerungen nicht mehr unterbringe
Günter Eich, Ein Tibeter in meinem Büro

Der Frottee lag in der Küche herum, 1 gelbes Knäuel,
von Tränen gewalkt und durchnäszt ...
Friederike Mayröcker, ich sitze nur GRAUSAM da

Scleranthus perennis, Ausdauernder Knäuel: Pflanze
ausdauernd, krautig, am Grund verholzt, lockere
Polster bildend, graugrün, mit dünnen, aber kräftigen,
tief reichenden Pfahlwurzeln
Flora Emslandia

Schmetterlinge

Blasen, schillernde Seifenblasen, steigen auf und: –
weg! Sie *zerplatzen*, sagt man. Das hieße aber, man
vernähme ein Geräusch. Unsere Ohren hören nichts.
Vielleicht nimmt der Schmetterling das Vergehen der
Blasen als Detonation, als ein erhabenes Dröhnen
wahr. Man schaue sich seinen Namen an: Kann etwas,
das anderswo *Farfalla* oder *Papillon* gesungen wird,
unpassender heißen? Erklärt das nicht *alles?* Die
Schmetterlinge selbst zerplatzen jedenfalls unhörbar
für uns an der Windschutzscheibe während der Fahrt.
Eben noch gelbes Sonnensegeltaumeln, jetzt – eine
im Fahrtwind sich sofort in Einzeltropfen teilende
organische Pfütze, sich eilend zerteilend am rasenden
Glas.

Gesuch eines Heiligen

Anlässlich meines gestrigen Namenstages stelle ich hiermit den Antrag auf eine baldige Beschleunigung der so lang schon verheißenen Selbstvervielfachung. Benötigt werden mindestens 77 Christophorusse. Wohlgemerkt – die bisherige Klonerei ist ja nichts als Clownerie. Was soll mir eine Vielzahl identischer, in meine Form gebrachter Biomasseexemplare? Die ständig in meinem Kopf detonierenden Granaten, die von der mit zarter Kinderhand balancierten Kugel durch mein linkes Ohr hereingeschossen werden, belasten mich mit steigender Tendenz. Ich benötige dringend eine Aufteilung dieses inneren Trägerdienstes auf bzw. in viele Dutzend Köpfe. Gerade hier und heute haben die Einschläge eine Frequenz erreicht, die mir selbst für den hünenhaftesten Heiligen unzumutbar erscheint. Thermometerblicke, Kampfhund-Tattoos und Gratiszeitungen hageln herein – das Grauen in der ostalpinen Presselandschaft lässt sich kaum beschreiben. Mein kleiner Herr, der lange so fröhlich mit dem blauen Ding herumgealbert hat, brabbelt schon seit einer ganzen Weile nicht mehr. Zwar hat er die Augen geöffnet, aber ich kann nicht sicher sagen, ob er noch Bilder hereinlässt. So waten wir durch einen überhitzten Donauarm auf der Suche nach dem anderen Ufer und bitten um rasche Bearbeitung unseres Antrags.

Anfangen, da capo

Eine Echoahnung, ein Geblendetsein, dann eine heftige Böe. Wie sicher verankert ist so 1 Kopf? Ein Ruf geht übers Stoppelfeld. Die pronomenlose Zeit sucht eine Passstraße hinüber ins Tal der kräftigenden Mehrzahl, und sei es nur ein Trampelpfad. Über ein syntaktisches Brücklein geht es durch eine Klamm. Siehe da, 1 Stift gesellt sich hinzu und macht uns zu einem Beginn. Hinter einer Wegbiegung weitet sich der Raum – Lichtung, Blockwerk, Baumgrenze: Zwischen den Felsen ein unerschütterliches Grün, *Scleranthus Perennis/Ausdauernder Knäuel.* Und aus dem Nichts im Nu wölbt sich der Moment und gibt den Blick frei auf die goldene Reife des Unterarmweizens und fernere Zungengründe.

Der endgültige Text I

Manchmal, während wir etwa mit Einkäufen bepackt durch die Neubaugasse gehen und uns, einem
rätselhaften Impuls folgend, auf einer am Wegesrand
stehenden Bank niederzulassen genötigt fühlen, sind
wir – der Moment, der Stift und der Unterarmweizen
– uns ganz sicher, dass er jetzt geschieht: Der Text, der
alles löst, der den Keulenträgern Appetit auf Sonette an
Orpheus macht, Motorradfahrer vom Boden abheben
und lautlos in Kumulusweiß verschwinden lässt etc. Sie
merken es: Schon ist einer von uns Dreien verstimmt.
Die *Keulenträger* waren zu gewichtig für das dünne Eis
finaler Prosa. Wir sind doch nicht im Proseminar für
Alte Geschichte (Grüße an Peisistratos) ...

Das Gewitter umarmen

Ab welcher Temperatur geraten eigentlich die Nebel-
krähen in Hitzestress? Wir können uns häuten, aber
sie? Im staubigen Park immer noch Jogger, SUVs auf
zwei Beinen, die weltfremde Touristen umkreisen und
hinter dem verdorrten Lorbeer campierende Flücht-
linge. Du wusstest gar nicht, dass es so viele Belvederes
gibt. Der erstaunlichste Aufkleber auf Herrentoiletten
ist übrigens der mit der Parole *Leonidas, Karl Martell,
Prinz Eugen – do it again!* Da staunt der Historiker
und der Hysteriker schäumt; wenn sie nicht ohnehin
identisch sind. Das Beste an den Frankfurtern ist
nicht mal der Senf. Aber du kannst als Krenkenner
das Zeug nicht ohne Beilage essen. Das Kribbeln auf
der Kopfhaut lenkt von den feigen Apokalyptikern ab.
Am Abend zwingst du dich zu einer Zigarette auf dem
Balkon, während die Gewitter hin und her torkeln
zwischen Puszta und Wiener Wald.

Beipackzettel

Es ist gar nicht ausgemacht, dass die Einnahme dieser Pillen zur Bannung gewisser Abgründe sich mit dem abendlichen Verbrauch leuchtenden Rots südlicher Provenienz verträgt. Vielleicht kommt es zu biochemischen Reaktionen mit unverhofften Wirkungen, vielleicht wachsen mir jetzt die langersehnten Stoßzähne, mit denen ich mir die aufdringlichen Mangusten, Materialisten und Sängerknaben vom Leib werde halten können. Vielleicht wird mein Chamäleontraum wahr und es gelingt mir künftig in Sekundenschnelle mit Tapetenmustern, Thujahecken und Ziegelsteinmauern sichtgleich zu werden und somit in Unsichtbarkeit frei. Oder aber es wächst die Membran, die den Ohren den Komplettverschluss erlaubt. Oder gar ein Panzer, schuppiger – gürteltierentlehnt – für meine bleiche Seelenqualle, das Fragilchen, welches die rote Liste anführt.

Nachbarschaft

An manchen Sommerabenden, wenn es uns einmal gelingt, bis zur Sichtbarkeit der ersten Sterne wach zu bleiben, spüren wir das Unglück unserer Nachbarn im zweiten, vierten und fünften Stock. Sie sitzen auf ihren engen Balkonen, trinken und rauchen, und ab und zu hört man ihre Stimmen. Und wir sitzen unten, ganz unten im Hof, was bedeutet, dass wir nicht absturzgefährdet sind, und wissen genau, die da oben halten uns für gelöst und froh, dabei ist es einfach zu dunkel, um die leeren Flaschen neben unserm Tisch zu erkennen oder die Titel der Bücher auf dem Tisch, oder die Farben unserer Gedankenschwaden, die hinaufsteigen, Stockwerk für Stockwerk bis zum Andromedanebel. Wir hier unten wissen genau, ein Ruf von uns würde genügen, um die zusammengesunken dahockenden Nachbarn zu uns herabzurufen: „Minus mal Minus ergibt Plus" zum Beispiel. Oder ein Zitat von Schopenhauer über die Stachelschweine. Aber wir trauen uns nicht – vielleicht schläft man ja schon im ersten oder dritten Stock.

Der endgültige Text II

Wir – der Stift, der Moment und der Unterarmweizen – schreiben nicht über die Liebe, nicht über Politik, nicht über die Zeit; nicht über Arbeit, Dummheit, Klebeband. Oder gar das Wetter. Wir schreiben nicht über Beziehungen, Gefühle, Befindlichkeiten. Über gar keine Keiten, Heiten, Ismen; Schismen, Moose, Mimosen und Hosen. Auch schreiben wir nicht über den Mond, obwohl wir ihn gerne betrachten mitunter; noch nicht einmal über den Mars. Wir überspringen die Idiosynkrasien, Katarakte und alle forensischen Details und kommen direkt zum Wesentlichen. Wir schreiben nämlich gar nicht über, vielmehr schreiben wir *etwas*. Wir schreiben etwas hin. Schon steht es da und hilft weiter. Weil es noch nicht da war vorher. Jetzt *ist* es und kann als Steg dienen mitten in einem Drumherum – wir kommen noch darauf zurück –, das sich zudem in einer kreiselnden Bewegung befindet. Ein festes Etwas unter den Füßen kann nicht schaden bei einer Geschwindigkeit von 107 000 Stundenkilometern.

Machu Picchu zum Beispiel

Früher sind wir noch hinausgezogen ins Grüne, haben im hohen Gras dies oder das getrieben, bis der gemeine Holzbock über uns kam mit hirnzersetzenden Krankheitsandrohungen. Jeder schwarze Punkt auf dem Körper macht uns wahnsinnig seither. Noch früher flogen wir in Aluminiumzigarren über Berg und Meer, bis man die Preise lesen konnte, oder verluden uns auf Dampfer, aber das ertragen wir nicht mehr, nachts auf dem Atlantik Berg- und Talbahn zu fahren: Es droht die Weizenfäule und der Stift trocknet aus, der Salzluft wegen. Und wo soll inmitten der Wasserwüste gar ein Momentum zu finden sein? Andere ebnen in Marschkolonnen Inkatempel ein oder ihre Gegenstücke in Indochina. Gletscherlecken, Arktiszelten, Anale Venezia, Finale Ligure; Namib, Sahib, niemals Bib; Izmir, Pamir, Tapir, tot. Natuhr, brüllen sie uns an, Kultuhr, schreien sie mit verzerrten Gesichtern, und sitzen beleidigt vor ihren Drinks, weil sie nicht dafür gelobt werden, dass sie Kellner, Kälte, Krabbeltiere ertragen, und weil sowieso jeder schon alles zu kennen meint, außer dem Mysterium der Finsternis unter den Fußsohlen der eigenen Existenz.

Der endgültige Text III

Vielleicht haben wir ihn gefunden, den Ort des endgültigen Textes. Sehr gut möglich, dass er sich hier
im Halbschatten um halb vier nachmittags auf dem
französisch knirschenden Weg aus Kalksteinsplit
aufhält und seine Nase in alle Richtungen zugleich
streckt. Zur Linken ein Rosmaringestrüpp, zur Rechten ein fragrantes Menü aus Bronze-Fenchel, Laven-
del und Türkischem Drachenkopf. Halme und Blätter
spielen im Wind allegro ma non troppo, im Mittel-
grund blitzen die Wassersprenger. Das Dröhnen der
Einflugschneise entgeht unserem Text, er versteht
sich auf selektives Ertauben. Voller Hingabe sammelt
er Steinfarben und studiert die Wege der schwarzen
Ameise. Der Moment seufzt und wölbt sich über die
Jahrhunderte. Sollte jetzt noch der Eidechsengott aus
einer Mauerritze hervorlugen, *wäre es das*. Wir halten
es für möglich.

Der endgültige Text IV

Der September hat Tage, da lauert im Schatten schon der Winteranfang, während auf den Mittagsbänken der Hochsommer blendet. Unruhig springen wir von Klimazone zu Klimazone, trinken hier einen Tee, lecken dort ein Eis, ziehen uns den Faserpelz über gegen den kleinen Bruder des Mistral, und gleich wieder aus – Sonnenbrille auf und ab – und hoffen trotzdem, den richtigen Ort zu finden für den endgültigen Text. Bis dahin haben wir einen Dichter aus dem Land der wattigen Konsonanten als Lebensversicherung im Rucksack. Freilich, im Haus wäre es ruhiger, aber noch meiden wir ängstlich den geschlossenen Raum und tragen unser romanisches Zikadenideal durch den Tag. Bis uns die Dämmerung bei einem schwarzen Wein, Cuveé aus Macchia, Hitze, Wissen, das heutige Friedensangebot unterbreitet. Wir wissen, es kommt der Tag, an dem wir aus irgendeinem Baum einen Brahms herabgereicht bekommen. Dann werden wir uns fügen und den Nomaden gegen die Monade eintauschen.

Système dépressionaire

Besser als die Hochdruckpeiniger vertragen wir so ein Tiefdruckgebiet, wenn die Luftsäule wohldosiert auf dem Caput mundi ruht. *Den Druck von der Materie nehmen*, das gilt insbesondere für das Limbische System. Ein demokratisch grauer Himmel lässt gleichmäßigen Dämmer herabnieseln, was uns endlich das Sortieren unserer Kieselsteinsammlung ermöglicht oder auch die selten durchführbare Tour durch alle 96 Formationen des Wohltemperierten Klaviers. Dem Lichtzwang enthoben feiern wir die Reconquista des Armstuhlreichs. Bepackt mit Äpfeln, Single Malt und Tee schließen wir die Haustür auf. Was für ein herzliches *Hallo*, als wir unverhofft Pascal und Kafka im Esszimmer treffen, die gebannt der Welt zusehen, wie sie sich auf der Tischplatte windet.

Litanei der Bitterstoffe

Der Abschied vom Kaffee des Morgens fällt schwer. Die Bitterkeit im Gewölbe der Lautbildung gewährt das stimmige Milieu für syntaktische Brücken über die flüssige Lava. Die Walnüsse, die wir bedächtig zermahlen, munden wie Instrumentenholz, die Leibspeise unseres Wunschpaten (Loxodonta Africana). Sobald sich die letzten Partikel gustatorischen Dunkels zu verflüchtigen drohen, nehmen wir die Artischocken vom Herd. Ja, und hier liegt das Deutsche mal richtig. Von der Süße dieser Bitterkeit ist es nämlich nicht mehr weit zum Rosenkranz der Rückkopplungen mit Bruder Thurston Moore. Wenn wir es recht anstellen (Kopfhaut-Equalizer!) und Zähler und Nenner das ideale Verhältnis aufweisen, wird die Schädeldecke zum Dachfenster. Dann reicht ein Aroma dem anderen die Faust.

Aguaplano/Nachsaison

Ob es einen Unterschied macht, die Flammen der Garrigue mit Süßwasser oder Salzwasser zu löschen? Luftballett der schwerfälligen, fast in Zeitlupe fliegenden Staffel gelber Löschflugzeuge in der Bucht vor Le Grau-du-Roi. Den ganzen August über nicht ein Tropfen Regen im Département Gard. Dichter knäulender Qualm über der Autoroute du Soleil – Böschungsbrände, vom Mistral befeuert. Strandleben: Eine Lebensform, die noch aus der Vergangenheit herüberreicht. Kitesurfer in schwarzem Gummi und glänzend nackte Rentner im schattenlosen Mittagsbrand. *Wie Luftspiegelungen*, flüstert der Moment. Hier wird trotzig an der Aufführung von Leichtigkeit festgehalten. Auffällig, dass niemand schwimmt. Als scheuten die Darsteller direkten Hautkontakt mit dem Wasser des Mittelmeers. In welcher Konzentration – Verknüpfungselend/Knäuelzwang – enthält das Wasser, das da als laues Mittagsplätschern an den Sandsaum schäumelt, Menschenleibpartikel? Denken wir lieber an die Fische. Schlingen sie die Firecats mit hinein in ihre 3500 Liter-Tanks oder wechseln sie rechtzeitig die Schwimmrichtung beim Herannahen des dröhnenden Schattenkreuzes? Schon wieder eine kleine Fabel.

Liberation

Was wir lange schon klarstellen wollen: Wir *kaufen* keine Bücher! Leute, die Bücher kaufen, versuchen, sich einer Last zu entledigen, sich zu entschuldigen oder loszukaufen – wir nicht. Wir *befreien* Bücher: aus Ramschkisten, Nachlässen, Brockenhäusern, sogar aus sogenannten Buchhandlungen. Von welchem schönen Namen geleitet wir erwarten, dass dort kein schnöder Handel getrieben wird mit, sondern die Bücher themselves als Handelnde auftreten. Oder auch die *Leser*, du weißt schon, mit Kopf und Kragen. In diesen Zeiten der Hinwendung zu allem Unmöglichen, wovon nicht die Rede sein soll allhier, gibt es Legionen und Myriaden, himmlische Heere papierener Seelen, stoische Halden verwaister Bücher, die in Pappkartons einstauben, aufquellen, in Hinterzimmern, Speichern, Kellern schimmeln, vergessen werden. Oder enttextet zu Schlüsselbrettchen und anderem Neo-Tand umgemeuchelt. Wir, der Ackermann im Weizen zuvörderst, ziehen mit unserem Handkarren durch die Straßen und befreien die Bücher, die noch atmen.

Die Frage der Fragen

Was aber, wenn in den bergenden Räumen der Poesie so viele Gerettete auf einmal anlangen? Der Stift macht sich an die Arbeit und versieht den ein oder anderen Neuankömmling mit den Tagesdaten, einem Namenszug gelegentlich und einem akzidentellen Text auf dem Vorsatzblatt oder Schmutztitel, derweil der Moment noch Luft holt, weil ihm selbstredend bangt vor so viel Neuigkeit. Der Buchbauer, Regalgärtner und Archigant kauert inmitten des Buchweizenfeldes, zum Beispiel 133 Bänden aus der Bibliothek Suhrkamp, als Tagesernte eingefahren, und fleißt und preist, glücklich schwitzend bei der Arbeit. Allerdings spüren wir anderen auch die Last der Verantwortung, im sicheren Wissen darum, dass bald wieder jemand die Frage stellen wird: Hast du die alle ge...? Der gute Hirte jedoch, inmitten seiner Herde auf dem Parkett, winkt gelassen ab: Sie wirken auch ungelesen, doziert er, auf die anderen Bändchen und Folianten, auf das Piano, das Mobiliar, die Bewohner, das Haus, die Straße, auf das ganze bedürftige Sonnensystem und darüber hinaus.

Diskurs

Zeit ist emissionsfrei, nötigt uns der Stift niederzuschreiben; er ist heute auf Diskurs gebürstet. Schon zuckt der Moment wie eine angestupste Molluske zurück und glaubt im Unterarmweizen seinen natürlichen Verbündeten zu finden, um mit einer Zweidrittelmehrheit das nervöse Schreib- und Schreigerät niederzustimmen. Doch siehe da, das blasse Ährengelb zeigt überraschend lebhaftes Interesse an Fragen der Atmosphärenchemie. *Ein Feld, das sich im Wind wiegt, muss nicht a priori metaphorisch betrachtet werden,* flüstert es vielstimmig aus dem Getreide. Auch Mörike wäre freitags dabei, wirft der Stift triumphierend in die Runde und dekretiert uns eine ganze Salve: *Wir müssen weg von der Raumordnung hin zur Zeitordnung! Muße statt Mobilismus! Am Lesen genesen! Jeder Ort auf diesem Planeten ist eine Sensation ... Ja ja,* unterbricht der Moment gequält – er kennt bereits das Mantra des Locistischen Manifests – *aber es geht auch immer noch um die Form.* Solcherart gemahnt, können wir nicht anders als vorläufig den Stift niederzulegen.

Der liebe Gott

Während wir auf der Parkbank frühstücken, frühstückt eine Wespe die Bank – das nur by the way – und über allem nun also Oktober. Der kecke Existentialismus des Sommers bereut bereits, dass er keinen Bausparvertrag abgeschlossen hat, und auch für uns wird es Zeit, von den Eskalationen Abstand zu nehmen und uns der Wärmeplastik zuzuwenden, also Honig, Gott und Goethe. Zwischen den märkischen Kiefernstämmen glaubt der Sohn des treuen Thiel den lieben Gott zu erkennen und es ist nicht richtig, dass der subalterne Bahnangestellte ihn als *närrischen Kerl* bezeichnet. [Eine Gedenkminute für das kleine Tobiaschen]. Eben trafen wir genau diesen lieben Gott hinter den Mammutbäumen im *pazifischen Nordamerika*. Offensichtlich war er gerade durch die Maschen des Zauns von den Tennisplätzen herübergewutscht und sauste einen Stamm empor, dass die Rindenstücke stoben. Als er unserer gewahr wurde, hielt er inne, und wir ermannten uns, seinem Blick aus unergründlichen Knopfaugen standzuhalten. In der sich zwischen uns bildenden Endlosschleife war *alles* enthalten, mehr ist dazu nicht zu sagen. Denn was folgte, ist eine Erinnerungslücke. Aber das kennen die Bibelkundigen ja, dass ER gerne mit Schlafgimmicks hantiert. Jedenfalls – die Wespe ist fertig mit ihrer Mahlzeit, es ist nicht mehr viel übrig vom köstlichen Holz. Besser, wir erheben uns.

Japan

Morgens machen wir uns gerne auf nach Japan. Manche unterschätzen die Bedeutung einer Heterotopie gleich um die Ecke. Das Land der aufgehenden Sonne bezaubert uns dank der vollkommenen Abwesenheit des Erwartbaren oder sonstiger Klischees. Weder droht die Enge der Tokioter Untergrundbahn, noch belästigen uns leergeschaute Ausblicke auf den Fujiyama. Und hinsichtlich unserer Haiku-Allergie hat man uns schon an der Grenze beruhigt. Dagegen treffen wir unerwartet auf alte Bekannte wie Birke, Hortensie und David Sylvian. Die Anwesenheit der rötlichbraun gewandeten Mönche stört uns nicht im Geringsten. Meist schweigen sie, und wenn sie sprechen, ist ihr Idiom vollkommen unverständlich. Gerade sind sie in eine Meditation vertieft, bei der es um Nüsse zu gehen scheint. Hinter dem Reispapierbaum und der Japanischen Schönfrucht verlieren sich unsere Augen in den dichten Bonsaiwäldern des Pleioblastus Gramineus, aus dem es wie *Bamboo Music* tönt. Was uns immer wieder nach Japan zieht, ist seine ungestimmte Stimmung. *In dieser Weise kann die Musik von Morton Feldman uns aktiv an nichts erinnern*, so Cage – und wir sagen: oder *Japan* – und meinen: keine Nostalgie, keine Euphorie, keine Melancholie. Eine feine Maserung des Gemüts, auch ausdauernd.

(Für Markus Walenzyk)

Erde

Was aber ist mit den Tagen, an denen wir am Morgen erwacht sind, gewöhnlich fromm und Worte witternd, aber plötzlich allein! Um 10 Uhr der Moment verschwunden, abgebogen, unbemerkt, an einer synaptischen Kreuzung. Hastig erfolgt der Ruf nach dem Stift, der unerwidert bleibt. Alle Federn eingetrocknet. Ein Blick auf den Unterarm zeigt ein Feld zerwühlter Erde. Nacktes sogenanntes „Ich". „Ich" werfe „mich" zu Boden und bete: o gnädiger Ausdauernder Knäuel! Aber da fällt kein Fadenende vom Himmel. Regale fletschen die Zähne, die Häuser – Schädelgrinsen aus leeren Höhlen. Ich wühle in der schwarzen Erde und finde die Reste der Eltern der Eltern, in höchst verschiedenen Stadien. Die einstigen Großmütterkörper könnten mitspielen bei Trash und Horror, der eine Großvater gewährt zumindest noch den Anblick von Knochen. Der andere Opa – die sanftmütige Lücke, das schwarze Loch für zwei Generationen: Namenlose Erde, Lebensraum im Osten.

Bommerlunder

Wer hätte das gedacht, so knietief im 21. Jahrhundert noch auf diese Flasche zu stoßen, nicht in der Reklame vergilbter Illustrierter, nein, in einem Spirituosenregal, vis à vis dem Morgentresen? Es ist uns fast wie mit Hölderlins Birnen, die Klangfruchtfolge im elterlichen Barfach: Bushmills, POTT und Black & White, Steinhäger und die nie berührte Flasche Himbeergeist mit Schwarzwaldmädeletikett (Trachtenekel, ja, aber rote Knäuel auf dem Hut!). Doch am meisten freut das Kind im Licht- und Spiegelzauberreich des düstren Schranks der Bommerlunder. Was für ein ausgelassener Geist muss in dieser Flasche hausen. Jolifantische Heiterkeit trotz f-Moll-Vokalen. Was doch so eine Konsonantenverdopplung an der rechten Stelle an Levitationsvermögen zu spenden vermag. Wir müssen an dieser Stelle noch etwas loswerden – da ist eine zwanghafte Nachbarschaft von Speichen im Wortrad. Bommerlunder – Schleswig-Holstein – Gerhard Stoltenberg. Jetzt ist es raus. Und bevor einer aus dem Triumvirat dumme Fragen stellt, wird eine Runde klarer Schnaps bestellt.

Kopfeibe

Heute wollten wir einmal nicht. Und ganz anders. Diät, Handgriffe, *arebeit*, quasi. Aber dann das: Irgendwer hatte den Rundfunkempfänger eingeschaltet, so dass den arglosen Frühstückskoch bei der eifrigen Breibereitung die neuesten Nerobefehle erreichten, aus den Weltentführerhauptquartieren. Totentanzübertragung über Hammer und Amboss. Also doch der Pfad, nicht der leuchtende, nein der federnde. *Line of beauty and grace* zwischen Mammutbaum und Weihrauchzeder. Zuspruch suchen im Bodenbrodem. Am liebsten pressten wir uns an die gewaltigen Stämme der Riesen − Vertrauensosmose, Zutrauen, Traun − doch was würden die Gärtner denken? Dann winkt uns ein unbekannter Baum zu sich und flüstert harzig seinen Namen. *Kopfeibe, Kopfeibe.* Der Moment übernimmt und summt und die Unterarmflora hat ihr Mandat den Füßen übertragen. So wandeln wir hin und her über die Pfadspule, zwischen Mammutbaum (Pluspol) und Kopfeibe (Minus).

Nulla dies sine Leguan!

Boulevard der Weinbergschnecken

Der nächste Tag ist ein Schneckentag. Und Günter hat schon das passende Posting eingestellt: „Manchmal weiß ich, daß Gott am meisten sich sorgt um das Dasein der Schnecke. Er baut ihr ein Haus. Uns aber liebt er nicht." Das ist doch gar nicht Schneckengünters Stil, grübelt der Moment, und bringt uns alle zum Lachen. Doch nicht *der* ...! Wir überspringen das germanistische Kolloquium und präsentieren gleich das Ergebnis: Schneckengünter heißt fortan einfach Rattengünter, während *unser* Günter Maulwurfgünter gerufen wird. Das ist doch eine eindeutige Angelegenheit. Jedenfalls *geht* man anders an diesen Tagen, mit einer dialektischen Aufmerksamkeit sozusagen. Die Nase will nach oben wittern, zugleich soll die Auftrittszone der massiven Sohlen im aufgeweichten Boden im Blick bleiben, der Schnecken wegen. Eine Schreitmeditation der besonderen Art. Aber irgendwann folgt der Moment der Selbstverdächtigung, wie in jeder Idylle: Wieso klauben wir mit vorsichtigen Fingerkuppen die sancerrefarbenen Weinbergschnecken vom Weg, um sie vor den Reifen der Gärtner oder den Hufen der Jogger zu retten, und die braunen Nacktschnecken *nicht*? Ein Fall von Rassismus im Reich der Weichtiere? Alice Miller sitzt auf einer Bank und verkündet, in seiner Kindheit habe der begabte Knabe lediglich Nacktschnecken gekannt, denen von seinen Müttern mit Bierfallen und Gartenscheren der Garaus gemacht worden sei. Der Stift übernimmt das bereitwillig, dieweil der Weizen schweigt. Der Moment erinnert sich und ergänzt: Und in Vézelay aßen wir die zwittrigen Escargot-Begleiter des Bœuf Bourguignon, die da gar nicht hineingehörten, als Buße für den zweiten Kreuzzug. Radiergummis schmecken ähnlich. Mon dieu!

Zahlenmystik/Grüne Soße

Wir bekennen uns heute zu unserer katholischen Herkunft. Nummer 312 im alten Gotteslob: das Vaterunser. Wir summten seinen marschtauglichen Vierviertel inwendig, als wir in Villnöss unseren beinahigen Untergang beherzt hinaufkeuchten. Und, schau!, die *Gesammelten Maulwürfe* in der Bibliothek Suhrkamp tragen ebenfalls die 312 auf dem grünen Umschlag. Den Exkurs über den bronzenen Jesus auf dem Grabstein unserer Vorfahren Margarethe und Johann Eich, dem wir immer so gerne die winzige Hand schüttelten, schenken wir uns. Es gibt keine Zufälle, psalmodieren die Konvertiten, und wir stimmen ihnen ausnahmsweise zu. Heute sind wir, mit dem Gin aus Grüner Soße, als Quartett komplett. Ehe uns einfällt, dass das Vaterunser unter 912 zu finden war. Egal, halt, zwar, eben, irgendwie, aber, doch. Wir schenken nochmal nach im Partikelgestöber der Schneekugel unserer Spiritualität. Zwei mal drei macht vier. Amen.

Geistliche Getränke

Sonntagmorgens verspüren wir pünktlich ein Bedürfnis nach Transzendenz. Wir öffnen das Fenster und halten Ausschau nach einer Kirchturmspitze. Allerdings nur, wenn gerade keine Glocken dröhnen – unsere erlösungsbedürftige Seele leidet unter Hyperakusis. Sodann legen wir die ermatteten Leukozyten der abgelaufenen Woche in einen stärkenden Cocktail, nennen wir ihn *Domenica Mattina*, der Vokale wegen. Hier das Rezept: Auf zwei mindestens 220 Jahre gereifte Streichquartette kommen 4 Eiswürfel, 5 cl Cointreau und 3 kräftige Blasphemien (egal ob in Pulverform oder am Stück). Natürlich benötigen Sie ein entsprechendes Gefäß, am besten nehmen Sie einen Halbliterkrug aus Steingut, der verträgt einiges. Von goldenen Kelchen, die Sie möglicherweise für derartige Anlässe aus verwaisten Tabernakeln haben mitgehen lassen, raten wir ab. Das Gold ist längst nicht so resistent, wie in einschlägigen Foren behauptet. Rühren Sie das Ganze einmal mit einem feuerfesten Löffel um (Obacht geben bei der folgenden exothermen Reaktion). Wenn sich die Rauchwolken verzogen haben, ist der Cocktail fertig und man kann mit der Behandlung beginnen. Nachmittags einfach die Leukos wieder raussieben und mit dem übrigen Orangenlikör einnehmen. Jetzt haben Sie die besten Chancen, die neue Woche zu überleben!

Rückverwandlung

Fische im Novemberteich, still und starr im schwarzen Wasser. So ein Anblick lässt uns frieren. Und wir merken, wie wir uns schon seit Tagen zurückziehen aus Flora und Fauna. Letzte Woche *waren* wir noch der auffliegende Farbknäuel Eichelhäher und saßen inmitten der Zeitlosengewächse – *vom Wind geformt, nach unten schwer*. Noch der Samstag sah uns am Amberbaum erröten und gelöst in pantheistischem Taumel tanzen – *nunc stans*, seufzte der erfüllte Augenblick. Nun aber, da das Islandhoch die letzten Duftakkorde schockgefrostet, eilt uns der Moment voraus und ruft uns über die Schulter zu, dass sich nur in der Bewegung die Zeit erfülle. *Da soll einer mal mitkommen*, murren die anderen und schlagen den Kragen hoch. Aber vor den regennassen Tolixstühlen, verlassen und auf falsche Weise bunt, begreifen wir endlich: *Plötzlich getrennt, vereinzelt, Mensch!* Am Ausgang begegnet uns Gregor S., im Wintermantel mit Pelzbesatz: *Schluss mit diesen Tiergeschichten*, lacht er, dass es nur so dampft vor seinen Apfelbäckchen. *Lasst uns ins Kaffeehaus gehn!*

Frost

Eine Luftfaust packt uns am unbedeckten Schopf und wir beneiden die sorgsam in Reisig und Stroh verpackten Olivenbäume. Überall Zeichen der zärtlichen Gärtner. Übers Wochenende haben sie Jäckchen aus Laub für ihren entblätterten Nachwuchs gestrickt. Noch leuchtet das Licht vom Boden herauf – Dottergelb und Kupfer, Zimt –, aber der Atem der Bäume schon flach, vereinzelt und ohne Aroma. Diese plötzlichen Durchblicke: Wie man auf einmal hier und da versonnene Gestalten sieht, die längs der Pfade Gedichte proben mit den dunklen Schuhen. Stille Morgenmänner, die uns fast verschreckt ansehen, wenn wir zwischen den Stämmen erscheinen. Die rechteckigen Wasserbeete hinter den Lippenblütlern – überzogen vom ersten, faltigen Eis. Einzelne Blätter unter dieser zartesten aller Scheiben: Zeichen aus dem allernächsten Jenseits.

Äpfel und Birnen

Äpfel essen wir fast das ganze Jahr über, weil wir gläubige Letzte Menschen sind, die sich an die Gesundheitsverheißungen der Propheten klammern. Es geht uns mit dieser in so vielerlei Form und Größe hereinkullernden kantigen Kugel in Gelb und Grün und Rot in etwa so wie mit der Arbeit. Wir halten sie für entbehrlich (betont vor allem der Moment), viel zu oft vergiftet (laut Unterarmweizen) und insgesamt erlösungsbedürftig (so der Stift). Zugleich gewährt sie die Geborgenheit des Regelmäßigen mit dem Nebeneinander von Süße, Wässrigkeit und Säure, welche zügig einen konstruktiven Hunger hervorruft, der auf die besinnungslos JA sagende Fortsetzung des Lebens abzielt. Die Birne hingegen, fast überreif gelbe Birne von der besagten lyrischen Landzunge – ist es nicht so, dass wir sie geradezu fürchten? Verachten aus puritanischem Abwehrreflex, der überwältigenden Evidenz ihres Aromas wegen? Übermannt sie uns nicht mit einer Süße, deren vollmundiger Schrecken auf einen Automatismus der Horizontale verweist, in welcher sich jedweder Solipsismus der Verschmelzung hingeben muss?

PS: die Birne – eine antikapitalistische Frucht?

Fragen des Kalibers

Ist Projektil womöglich eine Steigerungsform von Projekt? Wohnt der Chief-Executive-Officer den Exekutionen persönlich bei oder versieht er lieber derweil seinen Dienst im gutgeheizten Büro? Wann werden aus Flüchtlingen Migranten und warum denken nicht wenige, solche Fragen seien rhetorische? Warum haben wir lieber Japaner als Angelsachsen am Nebentisch und lehnen die Wildschweinwurst dankend ab? Warum werden die *Mohrenköpfe/Negerküsse* (historische Begriffe selbstredend) in Wien als *Schwedenbomben* bezeichnet? Verschwinden Krethi und Plethi eher als Hinz und Kunz? Oder muss die letzte Frage bereits im Präteritum gestellt werden? Und wann kommt endlich die Kellnerin? Das sind nur einige der existentiellen Fragen, die wir uns täglich stellen.

Song of Sand

Heute ist uns nach Sand, einem Botenstoff besonderer Beschaffenheit. Da uns die Wetterlage keinen Flugsand aus der Sahara beschert (rötlicher Schleier, V-Effekt), müssen wir uns auf die Suche begeben. Der Strand am Rheinufer – abgebaut, und keine Sandhaufen vor Neubauten in Sicht, in die wir uns einwühlen könnten. Wie merkwürdig (im ursprünglichen Sinne des Wortes), dass im *Strand* der *Sand* enthalten, wie im *Schreiben* der *Schrei* oder auch *Erbe* in *Sterben* (unsre Moleküle, die in Kräutern auferstehn). Wie praktisch, wenn ein Kind zur Hand ist, an dessen Seite man alle Sandkästen der Stadt betreten darf. *Ein Algenblatt oder ein Dünenhügel/ vom Wind Geformtes und nach unten schwer.* Auch wenn es nicht die wahre Körnung hat – den Unterarmweizen düngt das mineralische Rieseln. Elba, Amrum, Arcachon – das fieberhafte Schaufeln mit dem Kinderspaten, das Ritual des Flutburgbaus (1 Lektion des Ausdauernden Knäuels): Eine Sandburg bauen, behaupten, verteidigen, heroisch gegen die ansteigende Flut. So absehbar wie beglückend. Das Ziel – vom Meer umgeben auf dem selbstgeschaffnen Eiland stehen, das man dann aber aufgeben muss. Schmerzliches Triumphgefühl, Begeisterung für ein zweckloses Tun und für die Macht der Elemente (es gibt Größeres als uns). Der leichte Sieg, der Sieg überhaupt, ist nur etwas für Verlierer.

Oder auch „Dadurch, dass es nicht hält, hält es einen im Fluss der Zeit".

Arbeit, Zeit, Zeichen

Ein weiches Verstreichen von Zeit. Nein, Erweichen, gar Entweichen der Zeit beim Streicheln der Zeichen. Mit uns ist es merkwürdig. Die Konzentration der zwanzig Schreibenden in der warmen Neonkammer, welche unter Zeitdruck die würdigste Arbeit verrichten, das Interpretieren von Gedichten, führt zu einem Druckabfall in der Zeitzone des Knäuels in Betrachtung. Und so viel stille Nebensensationen: Analytisch geschärfte Brauen wie Schwingen, aufflatternd, sinnierende Stirnen, Gestirne, Halbmonde. Hermetische Mienen und Heureka-Huschen. Der Schwung der schweigenden Münder, die Klassizität der denkenden Lippen. Und ruhende, stützende, Strähnen streichende Müßighände, während die werktätigen im Bohren und Feilen Epochen durcheilen und Verse zerteilen. Wo so viel geschieht, genügt dem Knäuel, was er sieht. (Bis der Stift den Moment mitzieht.)

Nominierung

Im Winter, fällt uns mit einer beträchtlichen Ver-
zögerung von einigen Wochen auf, müssen wir ohne
den Unterarmweizen auskommen. Auf einmal verarmt,
in der spezifischen Dunkelheit eines gealterten Jahres,
beraten der Stift, der Moment und allerlei Restbe-
stände, wie wir es halten, am ehesten aushalten, bis
die nahrhaften Pflanzen aufs Neue sprießen. Der
Stift, Stoiker der standhaftesten Sorte, beharrt darauf,
„auch so durchzukommen", doch der Moment be-
steht auf einem Ausflug Richtung Paradeison: Casting
vor Ort. Erschreckend die plötzlichen Offenheiten,
Blickschneisen, nassbraun grundiert. Außer Grabespu-
ren längs des Koniferenpfades keine Zeichen eines lieben Gottes. Ein echter Hase, immerhin, überrascht von
unserer Lautlosigkeit im armen Licht des Dezembers.
Es bewerben sich der *Urweltmammutbaum* und das
Zauberglöckchen. Aber aber, da sind sich alle einig: Der
eine viel zu groß, und Wucht/Äonen, mit Füßen des
Brontosaurus, das andere durchaus – wäre etwas sichtbar außer seinem Namensschild. So wandeln wir über
kaltschmatzenden Gründen, dieweil eine Himmels-
finsternis wie eine Flutwelle von Osten her ... und einzig
im verlässlichen Japan ein letztes Leuchten: *Betula spec.*,
o heller Freund der nahen Fernen! Weißer Denkgrund,
Zartblatt/Birklein, sei umschlungen, klarer Freund der
kühlen Zonen (in unsrem Bund der Dritte etc.).

Janus

Es ist angebracht, am zweiten Tag eines sogenannten neuen Jahres auf die heiligen Hügel zu steigen – mit behutsamen Schritten, des filigranen Nebeleises wegen – und dem Knäuel unsere diskretesten Wünsche zu übermitteln. Wir – der Moment, der Stift und die Birkenrinde – sind durchgekommen, wofür wir den kristallüberzogenen Halmen einen vernarbten Dank zu Füßen legen. Noch schauen die Tage dem antiken Gott gemäß in beide Richtungen, und es ist noch nicht ausgemacht, zu welcher Seite sich die Waage der Tage neigt. His Masters Voice, Scleranthus perennis, rät uns, den geschlängelten Pfad von Südeuropa hinüber nach Ostasien zu nehmen. Und, wahrlich, die vom Frost gehobene crispe Erde führt uns an frisch aufgeworfenen Bergfrieden des Wappentieres aller subversiven Erd- und Schreibbewegungen entlang (Talpa europaea), bis wir in Japan, wie so oft, dem Lebendigen bei seiner Lebenserhaltung begegnen. Die verschiedenen Schwärzen unserer Winterkleider, multipliziert mit der Verhaltenheit des Gehens, erzeugen eine gefiederfreundliche Unsichtbarkeit. Eine beträchtliche Schar von Amseln lässt sich gar nicht stören beim Genuss halbgefrorener Baumfrüchte. Und ein Rotkehlchen pickt nur armlang entfernt eisweiße Nanobeeren aus dem Tiefkühlfach des Morgens. Dass wenig später ein Gleiches derselben Größe, Keckheit/Plusterung aus der pazifischen Flora uns entgegenflaumt, nehmen wir dankbar als Zeichen für irgendwas – ein Quantum Güte vielleicht.

Ex-Maus

Wir wollten nur ein Viertelstündchen das braune Rest-
laub des Winteranfangs im Hinterhof beseitigen, als
wir − s.o. − der grauen pelzigen Fläche zwischen Son-
nenschirmfuß und Gartentisch ansichtig wurden. Der
Moment dachte an Flechten, Moose, Schimmelpilz,
aber der Stift erkannte gleich die durch den Über-
treibungskünstler Verwesung ins Außerordentliche ge-
steigerten Umrisse einer Ex-Maus. Bestattung (Müll-
container)/Grappa. Und wie, fragt der prosaische Stift,
möchtet ihr denn dermaleinst beseitigt werden? Während für die duldsame Birkenrinde ostasiatischer Provenienz die Frage keine solche ist, zögert der Moment.
Und differenziert sodann in vertrauter Ambivalenz:
„In Anbetracht des hiesigen Geiermangels ist von der
sogenannten Himmelsbestattung abzusehen, mit der ich
aufgrund meiner Vorliebe für aleatorische Verteilungen
durchaus zu sympathisieren geneigt wäre, also bleiben
nur die okzidentalen Varianten im Spiel ... Alors, habe
ich mich, notgedrungen, eine Weile in den inner-
städtischen Zonen der Geschäftigkeit (gar Fußgänger-)
aufgehalten, ist mir völlig klar, dass für meinen dereinst
biologisch abgelebten Leib nur die Feuerbestattung
in Frage kommt. Bin ich hingegen eine lange Weile
durch den botanischen Garten gestreift oder gar einen
wirklichen Wald, steigt in mir eine allmähliche würzige
Bejahung des erdbestattungsbedingten Eingehens in
den natürlichen Stoffkreislauf auf. Die Großmutter hat

mir gegenüber beteuert, dass man sie auf gar keinen Fall verbrennen dürfe. Für ihre bestimmte Form von Katholizismus mag es eine einfache Frage der Gebote gewesen sein. Aber beobachtet man die Frage des ewigen Lebens genauer, so ist das Weiterleben der Moleküle eines abgestorbenen Säugetierkörpers mit allerlei ehemaligen Inselbegabungen, biologisch betrachtet, wesentlich vitaler als die eher abstrahierte Rückkehr in den Verwertungskreislauf in Form von Aschepartikeln. Ewiges Leben – so oder so. Die Frage bleibt, in welcher chemischen Komplexität und in welcher Dimension des Plurals."

Das Große

Heute Morgen war auf einmal wieder das Große da. Es war ein sehr großes Großes – eines, wie wir es lange nicht gesehen haben. Gesehen haben wir es auch eigentlich nicht. Vielmehr waren es die Füße, die in die Pedale traten, welche auf einmal das Große bemerkten, während wir durch die dunkle Straße rollten. Dunkel war die Straße eigentlich nicht, vielmehr strahlten eine Helligkeit von oben vorn und ein düstrer Schein von unten hinten her. Das strahlend Helle, das vorn in einer Art Aufstieg begriffen war, schob eine Woge eisiger Luft in den Straßenschacht. Eisig war die Luft nicht allein; zugleich war sie auf eine bestimmte Weise heiß. Das behaupteten jedenfalls die Hände, als wir an unserem Ziel vom Rad stiegen. Groß, sagte auf einmal der gesamte Knäuel und schritt durch das Tor.

Das Machen

Das Machen ist immer ein Zuvornochmachen vor dem, was man eigentlich machen will, oder ein plötzliches Machen, das sich einer minimalen Turbulenz, kaum messbaren Änderung der Frequenz verdankt – und sich sacht vor das gedachte Machen schiebt. Der Stift jedenfalls scheint daran nicht ganz unbeteiligt, der Moment spielt mit seinem immer wieder ungeahnten Aufspannmechanismus und lächelt. Einfach nur zart und durchscheinend ist die Birkenrinde, und eine Einladung für abschweifende Fingerspitzen. So hört das Machen niemals auf.

Sprachen des Himmels

Wenn der müde Wind der Notwendigkeit uns durch die *Fußgängerzone* trudeln lässt, richten wir unseren Blick, so oft es geht, himmelwärts. Heute haben wir Glück, denn die große Himmelskurbel hat uns einen veritablen Nordseehimmel mit einem stormtauglich-monochromen Grau über die Stadt gespannt. Wenn wir unsere Ohrmuscheln in die richtige Position bringen, vernehmen wir nicht nur das Rauschen der Brandung als wattiges Nuscheln, sondern vermeinen geradezu einzelne Wörter zu hören. Allerdings in einer Sprache, die uns nicht geläufig. Die Birkenrinde, u.a. der finnischen wie aller nordgermanischen Zungen mächtig, zuckt mit den Schultern. Der Moment, mitunter sehr direkt, fragt umstandslos das Hochnebelareal über uns: Ob die Wolken womöglich die jeweilige Sprache unter ihnen liegender Landstriche annähmen, wie lange ihre Grammatik die atlantische sei etc. pp. ... Pianissimo samtgrau, doch durchaus verständlich, erfolgt die Antwort: Es sei ein mählicher Austauschprozess. Beispielsweise trügen bei der üblichen Drift von West nach Ost die Kumulusschiffe im Luftozean über der norddeutschen Tiefebene noch Tangluft, Salzrest, azorische Verben in ihrem geballten Lagerraum ... Was wir gerade hörten, sei ein delikater Mix aus bretonischem Heulen, normannischer Epik und westfriesischem Witz ... Ein Gebräu, das den eingefleischtesten Wurstwasserbewohner zum Anrainer gigantischer Gischtaufkommen adle. Ahoi und wohlan! Bedankt sich der Knäuel und flieht in die nächste Weinstube.

Scharfsinn

Irgendwann sollten wir zugeben, dass wir ständig nachfragen müssen, sobald uns andere Konglomerate oder Superorganismen ansprechen. Das Gehör – es hat gelitten: Das Summen (Tinnitustitan!) übertönt die meisten *Mimmimmies* der Mediokren. Gut ist, wenn ein sinniger Vortrag mit Lippenansicht und mimisch-gestischem Co-Referat erfolgt. Natürlich gehen wir nicht zum Arzt – die Vorteile der Schwerhörigkeit überwiegen bei weitem. Das Krächzen der Krähen – tierisch wie menschlich – vernehmen wir allemal. Silva sonat sowieso ... Noch einleuchtender sieht es beim Sehen aus. Wer erträgt schon alle Details? Seit die Welt von Beamern beherrscht wird, ist es ein evolutionärer Vorteil, keine Wörter mehr lesen zu können (es sei denn, sie sprängen uns entgegen vom papiernen Trampolin). Und seit wir die Optiker boykottieren, schwingen die Straßen vom Schritt der Schönen.

Eisgedanken

Angesichts der glänzenden Flächen, der mystischen Fenster, in welche der Nachtfrost die Pfützen verwandelt, streift uns am Morgen ein Gedanke, in dem es um die Aufrichtigkeit der Oberfläche geht. Die Birkenrinde weiß, wovon wir sprechen. Der Moment ermahnt uns, nicht tiefer ins Artikulieren zu geraten. [Die schönsten Gedanken, die Streifgedanken = leicht verderbliche köstliche Speise]. Und so begnügt sich der Stift mit dem Betrachten des Schmelzens des Eises, dem transitorischen Lichtspiel des Wassers an einem langen Vormittag.

Pneuma, Orkanreste

In Stößen, in unsichtbaren Überfällen kommt es über uns aus dem Oben. Wie Brandung und Gischt, aber trocken. Mancher Baum – plötzlich unentschieden, plötzlich hin- und hergerissen – fällt uns. Endlich am Boden zu bleiben bemüßigt, endlich den Zimmern dankend, dem Hier, zieht es die Blicke stetig hinauf: Da ist etwas zwischen den ziehenden Wolken, deren insulare Körper das Licht des Sonnenaufgangs tragen wie Zuckerstücke goldne Tropfen einer letzten Medizin, eine Klarheit, eine leergefegte Deutlichkeit, die tief hereinfasst in den Torso: 1 Zugriff = Zuruf, womöglich.

Exklamationen und Einflüsterungen

Dass die Multiplikation negativer Informationen – panischer Partikel/virtueller Wechseltierchen – zu unseren mathematischen Lieblingsoperationen gehört, ist weidlich bekannt. So viel Hoffnung war nie, jubiliert der Moment und begrüßt mit einem Hustenanfall die Ausrufung der aktuellen Pandemie: So eine globale Lokalrunde Corona senkt die Emissionen! Und: Nach der Pest ist vor der Renaissance! Die Birkenrinde wiegt sich schweigend im Sturmwind, derweil der Stift sich auf obskuren Pfaden bewegt: Der aus dem Reich der Mitte stammende Erreger sei aus keinem anderen Grund entwickelt und ausgesandt worden, als dem GELB zum Sieg über das unsägliche ORANGE zu verhelfen. (Heiliger Knäuel, haben wir noch andere Stifte?). Was nichts anderes heiße, als – nuschelt und raunt er unbeirrt mit konspirativem Eifer weiter – das Virus sei eigens auf das Immunsystem eines cholerischen Staatsmannes jenseits der 70, mit germanischen Vorfahren und komischen Haaren, zugeschnitten, also werde alles gut. Helau!

Zikaden und Arkaden

Der Schatten der Spitze des Stiftes auf dem leuchtenden Mittagsblatt. März, trotz allem, und das Licht ist zurück. Die Strahlungswärme – Liebkosung der bleichen verletzlichen Flanken, nicht nur des Moments. In den Pflasterfugen der Abrieb und die funkelnden Splitter der tapferen Ausschreitungsfestspiele des Biederen. Im Rinnstein eine einsame Schraube. Wir meditieren über unsere besonnten Schuhe, die wippenden Spitzen aus dem Waldviertel, und sind so ein inwendig karger Lakonier – nur ganz ohne Waffen. Angesichts der Gegebenheiten: Genügsamkeit ohne Überbau-Popanz und Opulenz – das muss doch möglich sein. Solang es aus der Spitze quillt und etwas zu zirpen beginnt. Wusstest du schon? Wenn man gegen die Baumstämme tritt, verstummt das silbrige Zirpen. Auf einem Parkplatz über Torbole sahen wir zum ersten Mal die leibhaftigen Sägesänger, grau auf anders grauem Holz. Und es war ein exhibitionistischer Moment – denn wir hatten lange an eine Art titanischen Tinnitus geglaubt. Nur dem Auserwählten zuteil. Es verstört uns oft die bloße Sichtbarkeit. Arkaden statt Fassaden! Kommunizierende Laubengänge – und alles fände sich. Die Zikaden kichern von Geheimnis zu Geheimnis.

Date mit Datum

Natürlich kann man 10/3 oder 10.03. oder 10.03.2020. notieren. Aber es ist nicht dasselbe. Mit der Länge der Zahlenkombination wächst unser Unbehagen, *ein zehnter März* flößt uns weit mehr Vertrauen ein (jambische Zukunftsmusik) als der Code scheinbarer Genauigkeit: Zahlen auf Tafeln in Luft gehängt, ins Nichts verschraubt; Autorität, einzig dem Blinken geschuldet. Exakt ist einzig die Metapher.

Quarantäne

Wenigstens ein bisschen Tintenausstoß am späten Abend, sagt sich der Oktopus – auch wenn die Haie unsichtbar. Ein Wink in ein Irgend-Nirgend/wo. Wann hatten wir zuletzt 1 eindeutiges *Gefühl?* Je syrah, tu syrahs, il/elle syraht. Alle im Exil, alle verinselt, und der Moment denkt nur an seine Baumhöhle. Kaleidoskopische Epik der Träume – Refugium, Nirvana, Ideal. Wer jetzt kein Platon, denkt sich keines mehr. Was keine Guillotine, und kein AK 47 je vermochte: Die Vollendung der Demokratie: Niemand, der gekrönt sein möchte! The Age of Absperrband, Warnhinweise und Hamsterkäufe: *Stifte könnten knapp werden. Deutschland hortet Schreibpapier.* In einer gelben Ritterburg aus Duplosteinen erwarten wir die Belagerung. Quarantäne = Fastenzeit = 40 Tage Wüste. Was folgt aus diesem Zusammenfall? *Nichts*, sagt der Knäuel und insistiert auf der Knäuelhaftigkeit des Seins. Und auf der frohen Verdammnis des Vereinzelten. Wie schnell die Großsprecher schon wieder: Die Alten und Schwachen doch sowieso, wehe die Wirtschaft und prima das Klima. Und zwischen irren Ismen die Birke, auf einmal geschüttelt, zusammengekrümmt: Ecce homo. Der Hirte, der wegen des einen verlorenen Schafes die Herde zurückließ, besaß keine Aktien. Sit tibi terra levis (lat. Grabinschrift).

Tier des Jahres Zwanzig

Wie seltsam, schon seit Wochen imitieren wir ihre Lebensweise, und erst jetzt wird es uns bewusst. Günter hat uns ein Buch in die Hand gedrückt, er weiß genau, wann wir der Speisung bedürfen. Die Poesie sollte immer ein paar Zentimeter unterhalb der Wirklichkeit hängen. Der Klimmzug an der kalten Metallstange der Hermetik kräftigt den Gesamtknäuel und lässt unsere Nase kurz das Gewölbe der Wirklichkeit durchstoßen, ehe wir uns wieder ganz nach unten sinken lassen. Dazwischen ist's nicht auszuhalten – das wusste schon Jean Paul. Tage und Wochen ohne botanischen Garten, eine große Verunsicherung: Sind wir noch in der Zeit der Birke oder ahnt man schon den kommenden Weizen? Durch die Gänge unseres Baus pfeifen letzte Winterlüfte. Doch sprießen schon Wurzeln in unsere Dunkelheit herab, an deren anderem Ende wir mit Recht die ersten Duftraketen vermuten dürfen. Von Gang zu Gang kriecht ein Gerücht: Ein fremder Organismus, nicht Tier, nicht Pflanze, habe die Würmer infiziert. Was sollen wir tun? Man kann nicht immer Wurzeln kauen. Vegane Maulwürfe – ein schlechter Witz! Und die Import-Engerlinge hängen an der geschlossenen Grenze fest. Schlechte Zeiten für Umami.

The cruellest

Alles ist anders in diesem April. Aber die Ausdauer, zu der wir uns verpflichtet fühlen, bleibt uns. Verlassen hingegen hat uns die Birkenrinde. Verschlossen alle Gärten und Parks, und unser botanischer Garten. Ein falscher Frühsommer, eines Aschenbach würdig, ist über uns gekommen – seit Rosenmontag kein Tropfen – und zieht uns hin zum Strom, der hier beinah zu gleichen Teilen nach Gletschermilch und Salzluft schmeckt. Da legen wir uns auf die Kaimauer über dem Wellengesang, der alles über die Lippen bringt außer Wagner, und üben uns in Akkomodation. Unsere Eichhörnchen der Kontaktsperre sind die Kormorane (o – o – a! Das kann doch kein Zufall): die einzigen Wasservögel, die sich nicht um Hingeworfenes vor zwielichtigen Zweibeinern prostituieren. Und so viel Atem außerdem – schon will man ein amphibisches Requiem anstimmen, da taucht der neoprenschwarze Anarchist an unerwarteter Stelle auf und glänzet stolz im Abendlicht.

Asyl

Wohin aber wenden wir uns, wenn die Pforten des
Gartens verschlossen sind? An einem kalten Abend,
der tagelang dauert und keine bergende Kuppel bildet?
Der Stift verschreibt einen Kuraufenthalt im Mund
einer Dichterin. Dort, zwischen Labialen und Gut-
turalen, finden wir alle nährenden Stoffe. Im warmen
Tropfen der Konsonanten erblüht es zwischen den
Halmen des Weizens, und der Krustazeenpanzer
dessen, was der Moment sein könnte, wird rissig im
südlichen Silbenwind. Die Kraft der Vokale schließlich, eines langen tiefgesummten Tons, lässt das Zeit-
maß auferstehn. Und eine zärtliche Zungenlaterne
beleuchtet die weiteren Wege.

Fälbling

Wir haben bei Fabre nachgeschlagen, ob es der *Fälbling* gewesen sein kann, der sich als kecke Kolonie der Köpfchen aus der Asche streckte an der verlassenen Feuerstelle im frühlingsfeuchten Nerotal. Auch wenn der Stift – ein Qualitätserzeugnis aus dem Schwarzwald – auf exakte Studien der Mykologie pocht, haben der Moment und der Unterarmweizen (welcome back!) ihn längst bestimmt: Unser neuer Freund ist der *Blassblättrige Fälbling*. Beneidenswerte Benennungskultur. Und überhaupt – sind Pilze nicht die besseren Menschen? Mit welcher Diskretion sie ihre Poleis organisieren. Undenkbar ein Wutpilz, ein Mycel im Blutrausch. *Blassblättriger Fälbling* – Pazifismus der Labiale. Und Seit an Seit mit dem Labyrinth unseres heraldischen Edelpelzchens, das mit scharfen Krallenschaufeln das Verborgene durchdringt. Beiden Tiefgründlern ist die Skepsis eingeschrieben gegenüber unseren vermeintlich lichten Sphären: Nur hier und da schrauben sie ihre Periskope hinauf ins Ungewisse des Überirdischen. Manchmal neiden wir den Augenlosen die Erdung der erdischen Existenz.

Aporien der Bildlichkeit

In Zeiten großer Umbrüche, also seit 1637, hinken wir immer hinterher, bleibt uns die Spucke weg oder setzen wir gar aufs falsche Pferd. Längst haben die phraseologischen Staubfänger der IT-Sprache unsere Innenräume umprogrammiert und zugespamt. Wo früher Seele litt, leiert heute die Festplatte. Scleranthus perennis rät uns zu einem Ausgangsmaterial mit längerer Halbwertszeit: Steine, Pflanzen, Kerbtiere. Der Stift schlägt dem Moment den klecksenden Gänsekiel aus der fiebrigen Hand und warnt vor Tümlichkeit. Womit beim Anfang wieder wir wären und JA sagen zur Poesie der Sackgasse.

Brunnengedicht

Wir können uns gar nicht losreißen von diesem Ort. So ein Aug- und Ohrenweiten/Nasenflügeln in Endlosschleife. Das ist viel mehr als ein Brunnen – dies ist eine Niagara-Metapher und 1 Pfingstbrausen. Aus der Mitte eines Riesendiskus pulst die Fontäne hervor, schießt zugleich und nicht, da sie beinahe steht – als silberweiße Plastik reinster Kraft. Und doch ein Wallen, Ballen, Sprudelschäumen, Glimmergischten, bewegt und statisch mit der Schwerkraft spielend. Nach allen Seiten strömt das auf die Scheibenfläche rückgekehrte, wieder klare H2O, um dann – das Beste kommt erst jetzt – vom ringsherummen Scheibenrand herabzustürzen, stetig ungleichmäßig, schwappweise – als sekundenlange breite Folie, filigrane Wasserwand, als Rinnsal, Tropfenschleier und Kaskade. Kopfdurchtosung, Geistliebkosung, Kläranlage, künstliche Naturmusik ohne Vorher und Danach, a-semantische Liedtotale, die uns bannt an ihren Rand und uns entlässt, wenn alles hat verflüssigt sich.

(Für Conrad Ferdinand und Rainer Maria)

Auf der Grenze

Fast ist es so weit – ein Platzen kündigt sich an, Zerfetzen, dem eine Kontraktion aller Wülste und Schlingen und Körpergehäuse vorausgeht. Der Helikopter, der über die Baumkronen naht, ist gesendet, uns zu holen und zu verschnüren (präventiv) oder umherliegende Teile zu bergen. Akute Gefährdung/vulgäre Not/Ertrinken in der Banalisation = versäumte Mitschrift/Mitgift, Antidot (vor eigenmächtiger Verringerung der Textdosis wird gewarnt). Und die interne Identitätskrise: Ist der Weizen noch wogende Welle oder schon kahles Stoppelfeld? Ab wann steht die verlässliche Birke uns bei? Gewirr, kein Knäuel und *nihil* statt *perennis*. Selbst im Arboretum nichts als einzeln Sterbendes (*Japanische Walnuss*). Die große Trockenheit. Ein Kriegsgeschrei in den Lüften, dass das Herz aus dem Takt: Der Saurierkern im Eichelhäher, die Penetranz stachelbewehrter Hautflügler in Warnwesten, schlechte Kunst und Lust auf Fleisch, die Welt, in sich ungut vibrierendes Etwas, auf einer Stelle kauernd. Mit dem ersten gelben Blatt, das auf der morgendlichen Bank landet, gefolgt von zahlreichen anderen Lichtlanzetten/-ovalen, samt ihren zärtlichen Landeklängen, ist der Helikopter abgedreht und in konzentrischen Kreisen nähern sich die lang entbehrten *auxiliares*, wuschelgeschweiften Götterboten, gleich zwei, gleich drei und vier ... Und mit ihrer rostroten Leuchtspur tritt ein Interimsfreund auf und vervollständigt uns. Der Stift, der Moment und der Kastanienglanz begrüßen sich herzlich und geloben einander, sich nicht so bald trennen zu lassen.

Klassik

Ja, da steht diese Bambusinsel zwischen zwei Birken
– leicht aus der Mitte versetzt, im goldenen Schnitt –
und eine Azurjungfer landet auf der sonnigsten Blatt-
lanze. Wir schmecken das Innere der weißen Stämme,
während uns die Mandeln gereicht werden aus sommer-
dunkler Hand. Unbewegt teilen wir die Klassizität des
Moments mit dem enigmatischen Spaziergänger, hager,
scharfgezeichnet, alt, mit dem Blick eines römischen
Philosophen. Anna Maria Carpis Verse lehren uns
eine neue Vokabel: *Un unico slancio* – ein einziger Auf-
schwung. Gelbe Linie des Gartenschlauchs auf rissigem
Septembergrund. Ein Höhepunktblau. Und plötzlich
die Gewissheit, den kommenden Winter in Ruhe erwarten zu können.

23. September

Da ist gar keine Schwelle an diesem besonderen Morgen, beim Öffnen der Fensterflügel kein Hauch der Kühle oder des Anderen. Aber auch das sei uns recht, mit immer noch blondem Unterarmweizen grüßen wir die letzten Sommerpartikel in der unbewegten Luft: Moleküle fernen Südens, genuschelte romanische Takte. Alles so langsam, friedlich und still heute früh, auch die Amseln scheinen Gedichte zu schreiben, die sie erst später vertonen – fünfte Jahreszeit (ein Gruß an den Kurt). Noch halten Platanen, Eichen, Ulmen ihre Millionen beieinander. Aber der erste Windstoß wird die körperlosen Goldmünzen auszahlen und das Sonnenlicht als hellen Teppich am erkalteten Boden ausbreiten. Der Moment, der Stift und die Form der Kastanie begrüßen die angestrahlten Wolkeninseln – Sandbänke im Äthermeer. Für Brahms wird es heute noch zu früh sein, heute, am Tag des schönen Ausgleichs, der Lichtgerechtigkeit, klingt es noch aus allen Richtungen zugleich. Aber ein Regen wird kommen und mit ihm Akkorde aus Nord und Ost. Wir waschen zwei Äpfel für den Tag und gehen dennoch freudenvoll.

Adagio Autumn

Von Autumn ist es nicht weit zu Matthew Gordon Sumner. Aus seinem Lied über die goldenen Felder fällt eine Zeile, etwas mit Jahren und Kindern, die uns in einem Madeleine-Anfall gegen die regendunklen Elefantensäulen der Platanen schleudert. Das feste Fleisch der Welt vor dreißig Jahren, nächtliche Füchse hinter dem Fernpass. Ein Mädchen mit Jagdschein schenkt uns Honig. Unglück – die einzig sichere Wertanlage. Wäre England nicht verloren gegangen, schifften wir uns heute noch ein, um Hamlet-Zigarren zu kaufen. Im Innern der Stille des Dienstags zuckt und rumort das Maßlose. Vielleicht helfen Klimmzüge an aufgehängten Apfelringen. Bruchstück aus einer Heiligenvita. Schnee am Kilimandscharo.

Stein

Den ganzen Sommer über diente er uns am selben Tisch vor dem *Baron* zur Beschwerung der flattrigen Anmeldezettel. Zwischen Stuhlbeinen und Sonnenschirmfüßen sprang er uns aus dem Meer der Bodenkiesel entgegen. Auch wenn wir jetzt fremdsitzen, an einem Tisch auf der Schwelle von Drinnen und Draußen und die sommerlichen Drinks des allgemeinen Herabsinkens wegen gegen einen Kaffee mit Cointreau eingetauscht haben, bewahren wir unserem Sommergefährten die Treue. Unser Stein, etwas von Karamell, von Ingwer und opakem Bernstein, hat einen gänzlich unkiesligen, unglatten Körper. Größer als die meisten anderen aus seinem Milieu besitzt er eine kastanienbuckelrunde Hälfte und auf der anderen Seite seiner abgeflachten Inselgestalt eine schroffe Abbruchkante wie die Steilufer früher Gespräche. Mit der runderen Seite können wir das Innere unserer Faust befüllen. Die kristallisch scharfe Gegenseite schnitte tief, bei Bedarf. Oft waren wir geneigt, den Stein mitzunehmen, widerstanden aber der Versuchung, es war gut, ihn liegen zu wissen, vor Ort. Heute aber sind wir so weit, die Sommertische werden abgebaut und unsere kalte Hand bedarf deiner gewichtigen Wärme.

Der Ziest

Am Himmel wallt die Schiefermilch, vom Boden leuchten Sonnenzettel. Kein Laut dringt aus den Koniferen, still und starr die Riesen ruhn. Da sie den Gegenklang verweigern – alle Winde zusammengezogen zum tumben Taifun der Schlagzeilen – lärmt's von allen Rändern herein ins Gehege. Die Einschläge kommen näher, sagen die Nachbarn, die Welt ist aus den Fugen, ruft die Verwandtschaft. Oder umgekehrt. Schlager haben wir immer gehasst. Nur das Lied vom Baum, dem Freund, traf uns pränatal ins Herz. Gerne weinten wir einmal wieder, kathartische Katarakte contra. Aber da fließt nur Tinte: Nicht nur octopodische Tarnflüssigkeit, auch platonisches Heulen. Es braucht viele Eichhörnchen, um den Glauben an die Menschheit nicht zu verlieren. Und dann ist da ja noch der Ziest, der Zottige Ziest (stachis monnieri). Absolut winterfest, und wer weiß, was er sonst noch vermag.

Süßgräser

Heute verdichtet sich die Welt neben summenden Süßgräsern. Aus dem Schmerz in 7 Körperdistrikten speist sich der rote Freudenstoff, der im Zentralorgan zusammenfließt: Wir herzen Oliven, wir hätscheln den Klatschmohn, eine Schnecke tanzt nackt übern feuchten Grund ... Es gibt keinen Grund zur Freude, na klar, weshalb sie sich evahaft schlängelt dahin. Dass atlantische Winde die Wolken ... geschenkt! Herzblättrige Birken – ma certo, so what? Aber heute goutiert der Moment gar *Gesichter*, menschliche Züge auf menschlicher Haut. Ein Adlergreis mit Dichteraugen und prall gefüllter blitzender Stirn, ein äugendes doppeltes Babypaar: geschobene glänzende Glatzengnome ... Witternde Läufer und lächelnde Wissende, alle umspült von den Wellen der Luft. Im Laubschatten huschende Windtiere, wahrnehmbar nur mit dem abwesenden Blick. Der Weizen – ein Wogen, tief atmende Zeit, ein Schwarm von Momenten, ein Heringsschwarm. Und Schauen ist Schreiben ist Denken ist warm.

CHRISTOPH WIRGES

Geboren 1969 in Dernbach (Westerwald), aufgewachsen in Montabaur. Studium u.a. der Germanistik und Geschichte in Mainz. Lebt nach einigen anderen Lebensstationen seit 2004 wieder in Mainz – als Dichter und Unterrichter. Schreibt kurze Prosa, Aphorismen, Lyrik und Texte zu Werken bildender Künstler und Musiker.

DANKSAGUNG

Der Autor dankt der Darmstädter Textwerkstatt im Zentrum für neue Literatur für die Ermöglichung und Unterstützung bei der Realisierung dieses Buchs. Er war seit 2017 regelmäßiger Teilnehmer der Darmstädter Textwerkstatt. Axel Dielmann und Kurt Drawert sei speziell gedankt für das vorzügliche Lektorat zu diesem „Doppelalbum“.

Der Herausgeber dankt der Wissenschaftsstadt Darmstadt und allen Sponsoren für diese großartige Möglichkeit der Autorenförderung.

Wissenschaftsstadt
Darmstadt